Inhaltsverzeichnis

Deutsch – Lösungen

Training

A. Zuhören

1. Hörverstehen 6

B1. Sprachgebrauch – Sprachbetrachtung

1. Wortarten 7
2. Verb- und Zeitformen 7
3. Wortschatz 8
4. Satzreihen, Satzglieder und Satzgefüge .. 8
5. Aktiv und Passiv 9
6. Indirekte Rede 10
7. Das oder dass 10
8. Wörterbucheintrag – richtiges Nachschlagen 11

B2. Sprachgebrauch – Rechtschreiben

1. Kommasetzung 12
2. Rechtschreibstrategien 13
3. Wörter mit s-Laut 14
4. Trennungen 15
5. Lückentexte 15
6. Textkorrektur 16

C. und D. Lesen und Schreiben

1. Inhaltszusammenfassung 17
2. Textinhalte reflektieren 17
3. Textartenmerkmale und sprachliche Mittel 18
4. Fremdwörter im Text 19
5. Sprachbilder erläutern 19
6. Schaubilder/Diagramme auswerten 20
7. Verfassen eines eigenen Textes 21

Prüfungen

Prüfung 2019 25
Prüfung 2020 32
Prüfung 2021 39
Musterprüfung I 45
Musterprüfung II 52

Mathematik – Lösungen

Training

1. Gleichungen – Umstellen von Formeln 59
2. Prozent- und Promillerechnung 64
3. Zinsrechnung 67
4. Potenzen 70
5. Berechnungen an Flächen 72
6. Berechnungen an Körpern 78
7. Zuordnungen – Direkte und indirekte Proportionalität 84
8. Interpretation von Tabellen, Graphen, Schaubildern 88
9. Konstruktionen (auch im Koordinatensystem) 91
10. Wahrscheinlichkeit 97

Prüfungen

Prüfung 2019 – Teil A 99
Prüfung 2019 – Teil B 102
Prüfung 2020 – Teil A 109
Prüfung 2020 – Teil B 113
Prüfung 2021 – Teil A 121
Prüfung 2021 – Teil B 124
Musterprüfung I – Teil A 133
Musterprüfung I – Teil B 135
Musterprüfung II – Teil A 143
Musterprüfung II – Teil B 145
Quickies (Ergebnisse auf einen Blick) 157

Englisch – Lösungen

Training

A. Hör- und Hörsehverstehen 163
B. Sprachgebrauch 164
C. Leseverstehen 166
D. Sprachmittlung 167
E. Text- und Medienkompetenzen 169
F. Schreiben 170

Prüfungen

Prüfung 2019 172
Prüfung 2020 175
Prüfung 2021 178
Musterprüfung I 181
Musterprüfung II 185

A. Zuhören

1. Hörverstehen

Hörtext 1: Träume und deren (Be)Deutung

1.	2.	3.	4.	5.
B	C	A	E	F

Hörtext 2: Die Turteltaube ist bedroht

1. ▶ ein Allerweltsvogel
   ▶ weitverbreitet
2. ▶ Glück
   ▶ Liebe
3. ▶ scheu
   ▶ auf geschützte Brutstätten angewiesen
4. ▶ finden weniger Brutstätten
   ▶ starten weniger Brutversuche
5. ▶ Verdrängung von Brut- und Nahrungsstätten
   ▶ Jagd und Wilderei durch Menschen

Hörtext 3: Vogelfreundlicher Garten

	Vorschlag	Alain	Claudine	niemand
1.	Verwendung von ungehobelten Eichenbrettern	x		
2.	Bretter zu einem Vogelhaus zusammennageln			x
3.	Lüftungslöcher in den Boden bohren		x	
4.	Leinöl statt Holzschutzmittel	x		
5.	Bitumenpappe als Witterungsschutz		x	

B1. Sprachgebrauch – Sprachbetrachtung

1. Wortarten

1. Sätze ergänzen

Verb	Weniger Wasserverbrauch **schont/spart** Ressourcen.
Nomen	Reisen erweitert den eigenen **Horizont**.
Adjektiv	Überall auf der Welt macht sich die Klimaerwärmung **bemerkbar**.
Konjunktion	Homeschooling ist nötig, **da/weil** der Präsenzunterricht pandemiebedingt nicht stattfinden kann.

2. Pluralform bilden

die Häuser
die Smartphones

3. a) Wortarten bestimmen

Am Samstag (**C**) gehe ich mit zwei (**G**) Freunden ins (**D**) Kino, wenn (**F**) der (**H**) Film, den wir sehen (**B**) wollen, bis dahin noch läuft (**B**).

b) Sätze ergänzen und Wortarten bestimmen

1. In den Sommerferien **fahre** (**B**) ich mit meinen Eltern ans Meer.
2. An meiner Schule gibt es ein **großes** (**A**) Orchester.
3. **Wenn** (**F**) es regnet, bleibe ich lieber zu Hause.

2. Verb- und Zeitformen

1. Satz im Plusquamperfekt bilden

Anfang des 20. Jahrhunderts hatte fast niemand ein Telefon besessen.

2. Verben anpassen

Im Vergleich zur Schule **ändert sich** im Berufsleben so einiges. In vielen Berufen **gibt** es z. B. auch Wochenend- oder Nachtschichten. Bevor man sich also endgültig für einen Beruf **entscheidet** (entscheiden), kann es hilfreich sein, vorab ein Praktikum **zu machen**.

3. Tabelle vervollständigen

Person	Infinitiv Grundform	Präteritum (1. Vergangenheit)	Perfekt (2. Vergangenheit)	Plusquamperfekt (3. Vergangenheit)
ich	fliegen	flog	bin geflogen	war geflogen
du	springen	sprangst	bist gesprungen	warst gesprungen
er/sie/es	funktionieren	funktionierte	hat funktioniert	hatte funktioniert
wir	malen	malten	haben gemalt	hatten gemalt
ihr	sich bewegen	bewegtet euch	habt euch bewegt	hattet euch bewegt
sie	lachen	lachten	haben gelacht	hatten gelacht

3. Wortschatz

1. a) Synonyme finden

1. Er spielt sehr gerne Fußball.
2. Die Klasse entscheidet sich für einen Ausflug in die Natur.
3. In Rom gibt es mehr als 1000 Gotteshäuser.
4. Flink klettert die Katze auf den Baum.
5. Er war ein sehr großer Mann.

b) Antonyme finden

1. Das Buch, das ich gerade lese, ist interessant.
2. Leila lässt sich Zeit mit dem Essen.
3. Bei Sonnenschein gefällt mir der Wald am besten.
4. Der kleine Junge springt lautlos ins Wasser.
5. Ohne mit der Wimper zu zucken, holt er den Brief aus der Tasche.

2. Verb ersetzen

Der Mann **läuft** schnell zum Bahnsteig, um den Zug nach München noch zu erreichen. Da er aber schon eine ganze Weile **rennt**, ist er ganz außer Atem und wird immer langsamer. Deshalb verpasst er seinen Anschluss und **trottet** bekümmert zurück in die Bahnhofshalle.

3. Oberbegriffe finden

a) 1. Sport, Bewegung
   2. Arbeitssicherheit, Arbeitsschutz, Sicherheit

b) 1. Schreibwaren
   2. Autozubehör
   3. Milchprodukte, Lebensmittel

4. Satzreihen, Satzgefüge und Satzglieder

1. Satzglied abschreiben und benennen

Satzglied: den Naturschützerinnen und Naturschützern
Fachbegriff: Dativ-Objekt

2. Satzglieder bestimmen

a) die Orang-Utans = Akkusativ-Objekt
b) ein Jahr lang = adverbiale Bestimmung der Zeit

3. a) Satzglieder trennen

Der Hubschrauber | bringt | die Affen | in die Freiheit.

b) Satzglieder bestimmen

der Hubschrauber = Subjekt (Nominativ)
bringt = Prädikat (Verb)
die Affen = Objekt (Akkusativ)
in die Freiheit = adverbiale Bestimmung des Ortes

5. Aktiv und Passiv

1. Sätze umformen

Aktiv	Passiv
Die Kinder führen den Hund spazieren.	*Der Hund wird von den Kindern spazieren geführt.*
Die Polizei schnappte den Täter.	Der Täter wurde von der Polizei geschnappt.
Er hatte viel auf die Prüfung gelernt.	*Auf die Prüfung war von ihm viel gelernt worden.*
Die Umzugsfirma wird morgen die Möbel abholen.	Die Möbel werden morgen von der Umzugsfirma abgeholt werden.

2. Sätze zuordnen

Aktiv	Passiv
Das Flugzeug segelte leise durch die Luft.	Ich wurde von der Sonne geblendet.
Morgen zu diesem Zeitpunkt werde ich meine Prüfung schon hinter mir haben.	Die Rechnung wurde von einem Sponsor bezahlt.

3. Aktivsätze formulieren

a) Influencer/-innen oder die Modeindustrie beeinflussen häufig aktiv Mode und Trends und lenken sie in die gewünschte Richtung.

b) Die Klassenfahrt musste von der Lehrerin verschoben werden.

6. Indirekte Rede

1. Korrekten Satz ankreuzen

☒	In einem Zeitungsartikel steht, die Olympischen Spiele seien ursprünglich ein kleiner sportlicher Wettbewerb gewesen, der im antiken Griechenland zu Ehren der Götter stattgefunden habe.

2. Satz in indirekte Rede setzen

Er sei der Meinung, dass auf dem Schulhof mehr Spielfläche zum Austoben für die jüngeren Klassenstufen vorhanden sein solle, sagt der Schulsprecher Boran.

3. Sätze zuordnen

Direkte Rede: a), d)
Indirekte Rede: b), c)

4. Text vervollständigen

Der NDR schreibt in einem Artikel, dass es durch Fortschritte in der Medizin und geeignete Hygienemaßnahmen mittlerweile **gelungen sei**, etliche Infektionskrankheiten einzudämmen. Doch wenn es heute darum **gehe**, neue Seuchen und Pandemien mit Verhaltensmaßregeln zurückzudrängen, **griffen** Experten dabei immer noch auf viele der Maßnahmen zurück, die bereits im Kampf gegen Pest und Cholera eingesetzt worden seien. Dazu sagt etwa Medizinhistoriker Karl-Heinz Leven zu Beginn der Pandemie, sie **seien**, wenn sie sich die Bekämpfungsmaßnahmen gegen Corona **anschauten**, im Frühjahr 2020 auf dem Stand der Frühen Neuzeit: Seuchenabwehr durch Abschließungsmaßnahme. Dank neuer Technologien **bleibe** die Abriegelung allerdings nicht das einzige Mittel der Wahl. Die Corona-Warn-App zum Beispiel **solle helfen**, Infektionsketten leichter nachvollziehen zu können und die Ausbreitung des Virus so zu bremsen.

7. Das oder dass

1. Richtige Schreibweise einsetzen

Smartphone, Tablet, internetfähige Fernseher, **das** ist die Welt von heute. Kaum vorstellbar, **dass das** Kabelfernsehen erst in den 80er-Jahren in Deutschland flächendeckend zur Verfügung stand. Auch **das** Hören und Speichern von Musik hat sich stark verändert und sich von Schallplatten und Kassetten über CDs bis hin zum MP3 entwickelt. **Das** MP3-Format ermöglicht es uns heute, **dass das** Speichern von Tausenden Songs auf handlichen Abspielgeräten kein Problem mehr ist.

2. Falsche Möglichkeit durchstreichen

Zu Hause angekommen, stellte Maria fest, da [~~s~~|ss] sie ihre Schultasche im Bus vergessen hatte. Da [s|~~ss~~] war jetzt schon das zweite Mal diese Woche, da [~~s~~|ss] ihr da [s|~~ss~~] passierte. Jetzt musste sie wieder an die Endhaltestelle fahren, dort in da [s|~~ss~~] Fundbüro gehen und hoffen, da [~~s~~|ss] jemand die Tasche abgegeben hatte.

3. Richtige Schreibweise einkreisen und Wortart bestimmen

a) Kannst du das kleine Häuschen sehen, das **(R)** da drüben am Waldrand steht?

b) Es war keine so gute Idee, dass **(K)** Leander bei strömendem Regen ohne Jacke nach draußen gegangen ist. Das **(D)** muss er jetzt mit einer Erkältung büßen.

c) Ich habe mich gewundert, dass **(K)** meine scheinbar schlafende Mutter doch mitbekommen hat, dass **(K)** ich mich heimlich aus dem Haus schleichen wollte.

d) Etwas zu erkennen, das **(R)** im Verborgenen liegt, bedeutet manchmal mehr, als das **(A)** Offensichtliche zu sehen.

8. Wörterbucheintrag – richtiges Nachschlagen

1. Arbeit mit dem Wörterbuch

- Der Strich steht dafür, dass es in diesem Fall keinen Plural gibt.
- Das Wort wird im Fachgebiet Medizin verwendet.
- to-xi-ko-lo-gisch

2. Arbeit mit dem Wörterbuch

- Die Unterstreichung zeigt an, wo die Betonung des Wortes liegt.
- die Mienen
- Mine ohne ie bezeichnet einen Bergwerksstollen, in dem z. B. Gold oder Kohle abgebaut wird. Das ist also ein anderes Wort und wird deshalb ohne „ie" geschrieben.

3. Arbeit mit dem Wörterbuch

- Das ø erklärt die Aussprache, es wird als ö gesprochen.
- Abk. steht für Abkürzung.
- In-for-ma-ti-ons-sys-tem

4. Abkürzungen ausschreiben

m. E.	meines Erachtens
lfd.	laufend
ca.	circa, zirka
Lkw, LKW	Lastkraftwagen
n. Chr.	nach Christus, nach Christo
Hbf.	Hauptbahnhof
ggf.	gegebenenfalls
vgl.	vergleiche
z. T.	zum Teil
Anm.	Anmerkung

5. Fremdwörter bilden

a) -vention, -jekt	Sub-	**Sub**vention, **Sub**jekt
-nomen, -duktion	Pro-	**Pro**nomen, **Pro**duktion
-logie, -metrie	Geo-	**Geo**logie, **Geo**metrie
-demie, -lepsie	Epi-	**Epi**demie, **Epi**lepsie
-logie, -top	Bio-	**Bio**logie, **Bio**top
b) Per-/per-		Per**formance**, Per**sonifikation**, per**fekt**, per**iodisch**
Mikro-/mikro-		Mikro**skop**, Mikro**fon**, mikro**biologisch**, mikro**kosmisch**
Trans-/trans-		Trans**fer**, Trans**formation**, trans**atlantisch**, trans**kontinental**
Anti-/anti-		Anti**these**, anti**bakteriell**, Anti**pathie**, anti**autoritär**
Sym-/sym-		Sym**bol**, Sym**posium**, sym**pathisch**, sym**metrisch**

B2. Sprachgebrauch – Rechtschreiben

1. Kommasetzung

1. Richtige Kommasetzung ankreuzen

☒	Die Mannschaft brauchte einen kurzen Moment, um zu begreifen, dass sie das Spiel wirklich gewonnen hatte.

2. Fehlende Kommas einsetzen

Eine ausgewogene Ernährung**,** viel Trinken und Sport**,** das sind die Maßnahmen**,** die uns gesund halten.

3. Kommasetzung korrigieren

Studien haben ergeben**,** dass im heutigen Berufsleben fundierte Englischkenntnisse sehr wichtig sind**,** weitere Sprachkenntnisse sind zudem von Vorteil.

2. Rechtschreibstrategien

1. a) Richtige Strategie ankreuzen

Sie**b**	Ich bilde den Plural.	x
	Ich muss das Wort auswendig können.	
	Ich bestimme die Wortart.	
ger**ä**t	Ich bilde die erste Vergangenheit.	
	Ich steigere das Wort.	
	Ich bilde die Grundform.	x
Wildnis	Ich bilde den Singular.	
	Ich achte auf die Endung.	x
	Ich muss das Wort auswendig können.	
Geb**äu**de	Ich suche nach verwandten Wörtern.	x
	Ich bestimme die Wortart.	
	Ich bilde den Plural.	
Ga**ss**e	Ich setze einen Artikel vor das Wort.	
	Ich bilde den Singular.	
	Ich trenne das Wort nach Silben.	x

b) Lösungsstrategien finden

Beispielwörter	Lösungsstrategie
er sie**h**t	Grundform bilden + in Silben trennen → se-**h**en
kl**ä**glich	verwandte Wörter suchen → kl**a**gen, die Kl**a**ge
beim **R**ennen	Wortart bestimmen und auf Begleiter achten bei dem **R**ennen → nominalisiertes Verb

2. Wörter finden und Schreibweise begründen

a) -tion
Operation, Situation, Funktion, Nation, Motivation
Wörter mit der Nachsilbe „-tion" sind immer Nomen.
Deshalb werden sie großgeschrieben.

b) -ieren
probieren, aktivieren, stabilisieren, programmieren, funktionieren
Wörter mit der Nachsilbe „-ieren" sind immer Verben.
Deshalb werden sie kleingeschrieben.

c) -heit
Gesundheit, Verbundenheit, Echtheit, Krankheit, Faulheit
Wörter mit der Nachsilbe „-heit" sind immer Nomen.
Deshalb werden sie großgeschrieben.

d) -ell
speziell, aktuell, formell, sensationell, intellektuell
Wörter mit der Endung „-ell" weisen auf ein Adjektiv hin.
Deshalb werden sie kleingeschrieben.

3. Lösungsstrategien ankreuzen

a) ☒ Ich verdopple den Konsonanten nach einem kurz gesprochenen Vokal.

b) ☒ Ich suche verwandte Wörter. → N**a**hrung

c) ☒ Ich achte auf die Endung. → **-ung**

d) ☒ Ich trenne das Wort. → ve**r-r**aten

e) ☒ Ich bilde die Grundform. → ber**a**ten

f) ☒ Ich bilde die Mehrzahl. → Hun**d**e

4. Schreibweise erklären

a) Viele **D**eutsche fahren ans Meer.
▶ Ich beachte den „Begleiter" (Signalwort): „viele" → Das Wort ist ein Nomen.

b) Die **g**lobale Erwärmung ist ein Problem.
▶ Ich überprüfe die Wortart. → Das Wort dient nur zur näheren Bestimmung: Es ist ein Adjektiv.

c) Ich entspanne mich beim **L**esen.
▶ Ich mache die Artikelprobe. „Beim" steht für „bei dem". → Das Wort ist ein nominalisiertes Verb.

d) Alles **G**ute zum Geburtstag.
▶ Ich mache die Artikelprobe. Ich achte auf den „Begleiter" (Signalwort):„alles" → Das Wort ist ein nominalisiertes Adjektiv.

e) Zusammen sind wir **s**tark.
▶ Ich überprüfe die Wortart. → (Adjektiv = klein)

3. Wörter mit s-Laut

1. Richtige Schreibweise wählen

a) Mein Opa ha**ss**t es, Wei**ß**brot zu e**ss**en.
b) Wir **s**enden au**s** dem Urlaub eine Po**s**tkarte mit **s**onnigen Grü**ß**en.
c) „Sü**ß**es oder **S**aures", **s**ingen die als Gei**s**ter verkleideten Kinder.
d) Der Bi**ss** einer Schlange i**s**t au**ß**erordentlich schmerzhaft.

2. Schreibweise erklären

Maus wird nicht mit „ß" geschrieben, weil das stimmlose „s" im Plural stimmhaft ist → Mäuse.

3. Beispiele nennen

- Wagnis → Wagnisse
- Erlebnis → Erlebnisse

4. Schreibweise mit Rechtschreibstrategie erklären

Masse → kurz gesprochener Vokal, Silbentrennung Mas-se
nass → kurz gesprochener Vokal, Steigerung des Wortes nas-ser
blass → kurz gesprochener Vokal, Steigerung des Wortes blas-ser
Schluss → kurz gesprochener Vokal
groß → lang gesprochener Vokal
Fuß → lang gesprochener Vokal
Sonne → stimmhaftes einfaches s am Wortanfang
summen → stimmhaftes einfaches s am Wortanfang
Raspel → stimmloses einfaches s in der Wortmitte

4. Trennungen

1. Wörter trennen

a) Do-nau-dampf-schiff-fahrts-ge-sell-schaft
b) Ver-kehrs-in-fra-struk-tur-fi-nan-zie-rungs-hil-fe
c) Raum-aus-nut-zung
d) he-r-aus-for-dern
e) zwi-cken
f) Bau-ern-hof-mu-se-um
g) Ver-wal-tungs-ge-richts-ge-bäu-de
h) Wü-sten-re-gi-o-nen
i) in-stru-men-ta-li-sie-ren
j) Sach-be-ar-bei-te-rin
k) Klas-sen-durch-schnitt

5. Lückentexte

1. Lücken ergänzen und Schreibweise begründen

Medizinisch gesehen ist **N**ichtstun unerlässlich – wie das **A**tmen, **T**rinken oder **E**ssen. In der Schule werden nicht nur Leistungen abgerufen, sondern die Kinder raufen auch untereinander um Positionen auf der Belie**b**theitsskala. Wer den ganzen Vormittag in einem Zwangskorsett ste**ck**t, der braucht am Nachmittag, an den Wochenenden und in den Ferien Phasen der Erholung.

- Nichtstun → Wortart bestimmen: Nomen
- das Atmen, Trinken oder Essen → nominalisierte Verben: Artikel als Signalwort
- Beliebtheitsskala → verwandte Wörter suchen: beliebig, lieben
- steckt → die Grundform bilden: stecken

2. Richtige Buchstaben einsetzen

„Einfach nur we**g**, mit Sa**ck** und Pa**ck**!", dachte Sandy. Ihre Mutter hat eh immer nur etwas zu me**ck**ern, ihr Vater fra**g**t erst gar nicht, wie es ihr geht, und ihr großer Bruder ist viel zu sehr mit sich selbst beschäfti**g**t. „Es wird mich pra**k**tisch keiner vermissen", fuhr es ihr durch den Kopf. Ru**ck**, zu**ck** stopfte Sandy die wichti**g**sten Sachen in ihren Ru**ck**sa**ck** und stürmte die Treppe hinunter. Tür auf – Tür zu. Jetzt star**k** sein und nicht umdrehen …

3. Richtige Schreibweise einsetzen

1. Meinen Lieblingsfilm kann ich mir immer **wieder** anschauen.
2. Einen Vertrag **widerrufen**.
3. Nach Jahren feierten wir endlich das große **Wiedersehen**.
4. Der Gegner leistete erbitterten **Widerstand**.
5. Dem war nichts zu **erwidern**.
6. Die **Wiedergabe** von Musik ist einfach.
7. Er hat **wider** die Vorschrift gehandelt.
8. Das ist **wiederum** richtig.

4. Richtige Buchstaben einsetzen

1. Dieses Jahr **f**ielen nicht **v**iele Äpfel vom Baum.
2. Der Sprachurlaub in England ge**f**iel Leon sehr gut, denn er hat **v**iel Neues gelernt.
3. Zwischen den **v**ielen Menschen **f**iel mir meine Freundin erst gar nicht auf.

6. Textkorrektur

1. Richtige Groß- und Kleinschreibung wählen

In trockenen Wüstenregionen ist das Wasser oft sehr knapp, weshalb ein verantwortungsvoller Umgang damit sehr wichtig ist.

2. Richtige Groß- und Kleinschreibung wählen

Nelson Mandela musste aufgrund seiner Aktivitäten gegen die Apartheidspolitik in seiner Heimat 27 Jahre als politischer Gefangener in Haft verbringen. Er war der wichtigste Wegbereiter des versöhnlichen Übergangs von der Apartheid zu einem gleichheitsorientierten, demokratischen Staatswesen in Südafrika. 1993 erhielt er deshalb den Friedensnobelpreis. Bereits zu Lebzeiten wurde er für viele Menschen weltweit zum politischen und moralischen Vorbild.

3. Richtige Groß- und Kleinschreibung ankreuzen

☒	Aufgrund des Schmelzens des ewigen Eises wird es für Konzerne leichter, die Bodenschätze der Arktis auszubeuten.

4. Fehlerhafte Wörter finden

globales
Umwelt
flächendeckend
nachgewiesen

C. und D. Lesen und Schreiben

1. Inhaltszusammenfassung

1. Sachtext: „105. Geburtstag von Fredy Hirsch – Wer war der Mann aus dem Google Doodle?"

In dem Online-Artikel „105. Geburtstag von Fredy Hirsch – Wer war der Mann aus dem Google Doodle?", erschienen in der Südwest Presse, wird Fredy Hirsch vorgestellt, anlässlich dessen 105. Geburtstag ein Google Doodle erstellt wurde.
Am 11.02.2021 würdigt Google auf seiner Startseite mit einem animierten Doodle Fredy Hirsch, der an diesem Tag 105 Jahre alt geworden wäre. Fredy Hirsch war ein deutsch-jüdischer Athlet, Erzieher und Häftling im Konzentrationslager Auschwitz-Birkenau. Er lebte, für die damalige Zeit ungewöhnlich, seine Homosexualität offen aus. Außergewöhnlich war auch sein Engagement für Kinder und Jugendliche, z. B. in der Jugendfürsorge oder als Funktionär des jüdischen Pfadfinderbundes. Im jüdischen Ghetto Theresienstadt organisierte er Sport- und Kulturveranstaltungen, um den Kindern dort Hoffnung zu geben.

2. Gedicht: „Langschläfers Morgenlied"

Das Gedicht „Langschläfers Morgenlied" von Mascha Kaléko handelt vom täglichen Kampf eines Langschläfers / einer Langschläferin am Morgen.
In vier Strophen beschreibt das lyrische Ich seine Gefühle beim Aufstehen, was ihm jeden Morgen sehr schwerfällt. Frühaufstehen und die morgendliche Hektik sind ihm fremd. Viel lieber würde es im warmen Bett liegen bleiben, aber letztendlich steht es doch jeden Morgen erneut auf.

3. Literarischer Text: „Der Aufzug"

Der literarische Text „Der Aufzug", veröffentlicht auf der Internetseite www.die-klimaschutz-baustelle.de, handelt von einem Aufzug, der beschließt, Energie zu sparen, um den Klimawandel aufzuhalten.
Als der Aufzug, der in dem Text personifiziert wird, vom Klimawandel und seinen Auswirkungen erfährt, ist er geschockt. Obwohl er gerne Menschen befördert, beschließt er, seine Dienste einzuschränken, um Energie zu sparen. Dies endet damit, dass er von zwei Technikern auseinandergenommen wird, weil sie einen Defekt vermuten. Der Aufzug ist ratlos, weil er nicht weiß, wie er seine Arbeit ausführen und trotzdem Energie sparen kann. Am Ende erreicht ihn die gute Nachricht, dass die Stromversorgung größtenteils über eine Photovoltaikanlage geregelt wird, was die Lösung für sein Problem ist.

2. Textinhalte reflektieren

1. „Wann schafft die EU die Zeitumstellung endlich ab? Welche Zeit bleibt?"

a) Probleme bei dauerhafter Umstellung auf die Sommerzeit notieren

- drohender Schlafmangel
- mögliche Konzentrationsprobleme und Leistungsabfall
- erhöhte Unfallgefahr
- erhöhte Wahrscheinlichkeit für Schlaf- und Lernprobleme bei Schülern und Schülerinnen

b) Ziel bei der Abschaffung der Zeitumstellung angeben

Die Zeitumstellung führt bei vielen Menschen zu Problemen. Diese könnte man durch die Abschaffung vermeiden.

2. „Sie kann den Schmerz nicht vergessen"

a) Erlebnis des Mädchens erläutern

Im Alter von viereinhalb oder fünf Jahren läuft das Mädchen zu ihrer Stiefmutter, die gerade Yufka-Teig ausrollt. Plötzlich schlägt die Stiefmutter dem Mädchen unvermittelt den Holzstab gegen die Beine. Sofort steigen ihm Tränen in die Augen und vor Schmerz bleibt ihm die Luft weg. Die Mutter wirft ihm vor, von dem Joghurt gegessen zu haben, was das Mädchen abstreitet. Das Mädchen vertraut sich niemandem an. Den Schmerz, für etwas bestraft worden zu sein, was es nicht getan hat, wird es sein ganzes Leben nicht vergessen.

b) Zwei Gedanken des Mädchens formulieren

- Das ist einfach ungerecht. Ich habe nichts getan und diese Strafe nicht verdient. Ich hatte nicht mal eine Chance, zu reagieren.
- Hoffentlich erfährt Baba nichts davon. Er würde sich nur Sorgen machen und das möchte ich nicht.

3. Textartenmerkmale und sprachliche Mittel

1. „Die Haselrute"

- Fantastische Figuren in alltäglicher Situation: Christkind und Mutter Gottes („Eines Nachmittags hatte sich das Christkind in sein Wiegenbett gelegt und war eingeschlafen, da trat seine Mutter heran … und sprach ‚… Schlaf sanft, ich will derweil in den Wald gehen und eine handvoll Erdbeeren für dich holen'", Z. 1 ff.)
- Einfache Einteilung in Gut und Böse: Natter jagt Mutter Gottes („…als sie sich aber herabbückte, um eine zu brechen, sprang aus dem Gras eine Natter in die Höhe. … Die Natter schoss ihr nach …", Z. 4 ff.)

2. „Der Schattenmann"

a) Titel begründen

Der Titel „Der Schattenmann" ist für die Kurzgeschichte aus mehreren Gründen passend. Zum einen kann Herr Veith als ein Schattenmann beschrieben werden, weil er mysteriös auf Jan und die anderen Bewohner/-innen wirkt. Er ist für sie nicht richtig sichtbar. Die anderen Bewohner/-innen verstehen sein Verhalten nicht und es scheint sich auch niemand richtig um ihn zu kümmern. Erst Jan fällt auf, dass mit ihm etwas nicht stimmt. Zum anderen wird Herr Veith als verrückt bezeichnet. Somit kann mit „Schattenmann" auch der körperliche und geistige Verfall Herrn Veiths gemeint sein, in dem Sinne, dass er nur noch ein Schatten seiner selbst ist.

b) Bilderreihen-Symbolik erläutern

Die Bilderreihe beschreibt das schrittweise Verschwinden einer Person, bis nur noch der Schatten übrig ist. Dies kann symbolisch für den Verfall und das schrittweise Verschwinden des Herrn Veith stehen. So wie dieser immer älter und immer verwirrter wird, so wird auch er irgendwann sterben und nichts von ihm übrig bleiben. Auch stellt es den langsamen Verfall seiner Zurechnungsfähigkeit dar. Vermutlich ist Herr Veith traurig darüber, dass er sich nicht mehr erinnern kann, wer das Bild gemalt hat oder warum er sich in der Badewanne befindet. Früher konnte er noch schön zeichnen, aber jetzt nicht mehr. Schrittweise verschwinden also auch die Fähigkeiten des Herrn Veith, bis nichts mehr übrig ist.

c) Weitere Schattensymbolik finden

Eine weitere Schattensymbolik findet sich in Zeile 29 ff. Herr Veiths Kleidung wird als „eintönig und farblos" beschrieben. Auch ist seine Haut „blass" und er kann nicht richtig sprechen. Weiterhin wird er als „geduckt" bezeichnet. Dies sind alles Eigenschaften eines Schattens. Ein Schatten ist ebenso farblos und eintönig. Auch die menschlichen Eigenschaften fehlen Herrn Veith, wie beispielsweise gut durchblutete Haut. Schatten sind oft verzerrt und daher kann der Ausdruck „geduckt" herrühren, Herr Veith verhält sich gewissermaßen wie ein Schatten.

4. Fremdwörter im Text

1. „Tiere der Tiefsee"

a) giftig: toxisch
b) absonderlich: bizarr
c) gleichbleibend: konstant
d) Umstand: Faktor
e) unermesslich, unendlich: immens
f) schadhaft: defekt

2. „Ein Bienenvolk für den heimischen Balkon"

a) Entwicklung, Ablauf
b) Berechnung
c) herstellen

5. Sprachbilder erläutern

1. Sprachbilder erklären

- „Alle über einen Kamm scheren": Damit ist gemeint, dass zwischen einzelnen Personen oder Dingen nicht unterschieden wird. Man bildet sich keine unterschiedliche Meinung, sondern eine für alle gültige.
- Wenn man „jemanden im Stich lässt", bedeutet das, dass man ihr/ihm nicht hilft, sondern sie/ihn in einer bestimmten Situation sich selbst überlässt.
- „Einen kühlen Kopf zu bewahren" ist immer dann angesagt, wenn eine schwierige Aufgabe bevorsteht. Wer einen kühlen Kopf bewahrt, handelt überlegt.
- „Ihr fiel ein Stein vom Herzen": Dieses Sprachbild soll ausdrücken, dass von jemandem eine schwere Last abfällt, beispielsweise nach einer bestandenen Prüfung.
- „Der Zug ist abgefahren" beschreibt eine unwiederbringliche Situation. Etwas ist nicht mehr zu ändern.
- „Er packte sie in Watte" heißt, dass jemand von allem Schlechten, Schwierigen oder eventuell Gefährlichen ferngehalten wird.

2. Begriff erklären

Der Begriff „Plastikflut" veranschaulicht das Problem des Plastikmülls. Hiervon gibt es so große Mengen, dass man regelrecht davon überschwemmt wird.

3. Ausdruck erklären

Mit der Songzeile „YOLO … Schlachtruf einer Generation" ist gemeint, dass dies das Lebensmotto vieler Menschen einer Altersgruppe ist.

4. Verszeile erklären

Der Vers „Der Nebel drückt die Dächer schwer" beschreibt, dass Häuser in sehr dichtem Nebel stehen, der alles verdeckt und eine düstere Stimmung erzeugt.

6. Schaubilder/Diagramme auswerten

1. Gemeinsame Hauptaussage zusammenfassen

Das Schaubild zeigt die Entwicklung der Temperaturen in Deutschland anhand der Anzahl der heißen Tage mit einer Lufttemperatur von mehr als 30 Grad Celsius. Sowohl aus dem Schaubild als auch aus den Schlagzeilen geht hervor, dass sich die Anzahl der heißen Tage seit den 1950er-Jahren verdoppelt hat. Temperaturen über 30 Grad sind in Deutschland mittlerweile normal und nicht mehr nur Ausnahmen.

2. Wesentliche Aussagen formulieren

- Fast ein Drittel der Jugendlichen hat ein problematisches Verhalten bezüglich der Internetnutzung.
- Mit steigendem Alter verringert sich die Suchtgefahr bei der Internetnutzung bzw. dem Computerspielen.

3 a) Diagrammart benennen

Abgebildet ist ein Säulendiagramm.

b) Wesentliche Aussage zusammenfassen

Das Diagramm bildet den Anteil der unter 15-Jährigen in der EU und in ihren einzelnen Mitgliedsstaaten ab. Irland hat mit 20,5 % den höchsten Anteil an jungen Menschen, während Italien, dicht gefolgt von Deutschland, den geringsten Teil und somit den höchsten Anteil an älteren und alten Menschen hat.

c) Schlussfolgerungen der Aussage

Der Anteil der Kinder unter 15 Jahren liegt in der EU durchschnittlich bei 15,2 %. Daraus folgt, dass Irland mit 20,5 % deutlich über dem Durchschnitt liegt, Polen fast den Durchschnitt abbildet, während Deutschland und Italien das Schlusslicht bilden.

7. Verfassen eines eigenen Textes

1. Abenteuergeschichte

Schreibplan:

Einleitung:
- Ausgangssituation: Ich-Erzähler/-in auf Forschungsschiff vor erstem Tauchgang

Hauptteil:
- Beschreibung der Bedingungen (Wetter, Wellengang, Lichtverhältnisse), Höhepunkt: U-Boot wird in Höhle gezogen

Schluss:
- Erfolgreiche Mission, geheimnisvolle Spuren, offenes Ende

Abenteuer in der Tiefe

Ich stand an der Reling des Forschungsschiffs und blickte auf das Meer. Auf diesen Moment hatte ich jahrelang hingearbeitet: ein nervenaufreibendes Biologiestudium und anstrengende Praktika hinter mich gebracht, um endlich an meinen Traumjob zu kommen. Der Tag war perfekt für meinen ersten Tauchgang, denn das Wasser war ruhig und für den Morgen war auch sonniges Wetter vorhergesagt.

Ich fragte mich, was sich unter der Wasseroberfläche alles so abspielen mochte, und vor lauter Aufregung hätte mich beinah der Mut verlassen, aber diese Blöße wollte ich mir dann doch nicht geben.

Ein letztes Mal überprüfte ich die Sicherheit des Einmann-U-Boots und stieg ein. Mit den ersten Sonnenstrahlen wurde ich ins Wasser gelassen und als das U-Boot auf die Wasserfläche traf, schaltete ich das Licht ein. Noch konnte ich etwas erkennen, aber weit würde das Sonnenlicht nicht ausreichen – jedenfalls nicht bis in die Tiefe, die ich mir anschauen wollte. Was, wenn ich eine neue Art entdecken würde? Was, wenn mir der Sauerstoff hier unten ausginge? Ach, ich war schließlich nicht der erste Mensch in einem solch kleinen U-Boot! Plötzlich bewegte sich das U-Boot zur Seite und wurde in eine Höhle gezogen. Es knirschte und quietsche laut um mich herum. Jetzt hieß es, bloß nicht die Nerven zu verlieren! Ich schaltete den Motor auf volle Stärke und das U-Boot schoss aus der Höhle heraus. Ich musste aufpassen, durfte nicht zu schnell aufzusteigen, aber ich wollte einfach nur weg. Zurück auf dem Forschungsschiff kontrollierte ich das U-Boot schließlich auf Schäden und fand ungewöhnliche, fast eckige Flecken an der Seite. Niemand wusste, welches Tier solche Spuren hinterlassen könnte. Vielleicht werde ich es bei meinem nächsten Tauchgang herausfinden und tatsächlich eine neue Art entdecken.

2. Zeitungsartikel über Sport und Bewegung

Schreibplan:

→ Sport ist wichtig, um fit und gesund zu bleiben

- Fehlhaltungen durch zu viel Sitzen, Übergewicht durch zu wenig Bewegung
- In der heutigen Zeit sitzt man sehr viel: im Bus, in der Schule, bei den Hausaufgaben, beim Essen, viele Jobs am Schreibtisch
- Körperliche Gesundheit führt auch zu mehr Leistung in der Schule
- Vorteile von verschiedenen Sportformaten: Mannschafts- und Individualsport
- Lerneffekt Mannschaftssport: Teamwork
- Lerneffekt Individualsport: Fähigkeiten

Verbesserungsvorschläge

- Persönliche Interessen sind wichtig – alle Schüler/-innen sollten die Möglichkeit haben, eine Sportart zu finden, die Spaß macht.
- Pausenangebote

Mehr Schwung im Alltag

„Wer rastet, der rostet" – so wie Maschinen nach langem Gebrauch rosten, wenn sie nicht instand gehalten werden – so kann man das auch an seinem Körper feststellen. Die meiste Zeit des Tages verbringen wir sitzend. Begonnen bei der Busfahrt, in der Schule, bei den Hausaufgaben bis hin zum Essen. Rücken- und Nackenschmerzen sind da keine Seltenheit. Auch leiden immer mehr Menschen an Übergewicht.

Voraussichtlich werden wir einen Großteil unseres Lebens im Sitzen verbringen, deshalb müssen wir unsere Körper instand halten! Auch wenn es vielleicht jetzt noch nicht so wichtig erscheint, in Zukunft können sich durch zu wenig Bewegung gesundheitliche Probleme entwickeln. Es ist wichtig, sich zu bewegen, um die Muskulatur für einen gesunden Rücken aufzubauen und somit Schäden durch zu viel Sitzen entgegenzuwirken.

Ausreichend Bewegung fehlt eindeutig jetzt schon. Dabei hat Bewegung sehr viele Vorteile. Allgemeine körperliche Gesundheit wirkt sich positiv auf die geistige Leistung aus, was ein wünschenswerter Effekt ist. Im Sport selbst können viele Qualitäten entwickelt werden. Im Mannschaftssport beispielsweise wird der Teamgeist gefördert, bei Individualsportarten kann man seine Fähigkeiten trainieren.

Am sinnvollsten ist es, viele Sportarten auszuprobieren, sodass jede/-r im Schulsport etwas finden kann, das ihm/ihr Spaß macht und mehr Freude an Bewegung bringt. Es wäre sehr schön, wenn wir in der Pause genügend Möglichkeiten hätten, uns auszutoben. Ein paar Spielgeräte, wie beispielsweise ein Ball oder ein Trampolin, wären super. Selbst zehn Minuten mehr Bewegung am Tag machen einen großen Unterschied für unsere Gesundheit. Lasst es uns also gemeinsam anpacken und mehr Schwung in unseren Alltag bringen!

3. Aufruf gegen Diskriminierung und Rassismus

Schreibplan:
Rassistische Äußerung gegenüber einer Passantin hat zum Nachdenken geführt

- Schilderung der Situation (Was ist passiert? Wie war die Reaktion?)
- Wie kann man der Person konkret in der Situation helfen? Wo gibt es da Informationen?
- Welche allgemeinen Einrichtungen/Projekte gibt es, die man unterstützen kann?
- Es ist wichtig, darüber zu reden, um ein besseres Miteinander und Toleranz zu erreichen.

Neulich hat mich ein Erlebnis stark zum Nachdenken gebracht. Ich beobachtete ein Verhalten, das absolut inakzeptabel war. Ein Passant verzog mit den Fingern seine Augen und rief „Schlitzauge", um eine Passantin aufgrund ihres Aussehens zu beleidigen. Ich war sehr wütend, als ich das hörte.

Die Situation hat mich total überrumpelt und ich wusste nicht, was ich tun sollte. Zunächst habe ich mich nicht weiter damit beschäftigt, aber es ist mir nicht aus dem Kopf gegangen. Natürlich musste ich darüber nachdenken, ob ich nicht vielleicht schon einmal unbeabsichtigt so etwas in die Richtung gesagt habe. Auch bin ich mir sicher, dass solche Äußerungen an unserer Schule vorkommen. Sei es als Witz oder auch als ernst gemeinte Beleidigung. Durch das Beispiel ist mir aufgefallen, wie häufig man Rassismus und Diskriminierung begegnet und wie allgegenwärtig diese sind.

Mir ist es daher wichtig, dieses Thema anzusprechen. Wenn jede/-r seine/ihre Erfahrungen zu dem Thema teilt und man sich austauscht, kann man voneinander lernen und ein Bewusstsein für diese Probleme schaffen. Auch ist es wichtig, zu lernen, wie man sich als Betroffene/-r oder als Außenstehende/-r in solch einer Situation am besten verhalten soll. Vielleicht gibt es Projekte, für die sich unsere Schule einsetzen kann, damit in unserer Schule kein Rassismus mehr stattfindet. Ich bin für ein besseres Miteinander und Toleranz und fände es toll, wenn wir das als Schule gemeinsam angehen können.

4. Leserbrief zum Thema „Entsorgung von Altgeräten“

Schreibplan:
Struktur Leserbrief: Anrede (Sehr geehrte Damen und Herren), Einleitung (W-Fragen), begründete Meinung, Fazit, Grußformel (Mit freundlichen Grüßen)

Informationen aus den Materialien:
- Smartphones und andere elektronische Geräte enthalten sehr viel Gold.
- Es muss sehr viel Erz gefördert werden, damit eine große Menge an Gold gewonnen werden kann.
- Alte Handys und elektronische Geräte können recycelt werden, um das Gold erneut zu gewinnen.
- Eine Menge Handys in Deutschland liegen zu Hause in Schubladen, die Menge des darin enthaltenen Goldes entspricht 6 t.

Eigene Argumente:
- überraschend, wie viele alte Handys ungenutzt herumliegen
- überraschend, wie wenig über diese Thematik bekannt ist
- Wunsch, die Handys zu recyceln und so zum Umweltschutz beizutragen
- Wunsch, anderen etwas darüber mitzuteilen, die auch alte elektronische Geräte ungenutzt zu Hause haben
- Wie kann man etwas verändern bzw. seine Handys zum Recycling abgeben?

Eigener Standpunkt:
→ Umweltschutz ist wichtig und das Gold sollte recycelt werden, um den Umweltschutz zu fördern.

Sehr geehrte Damen und Herren,
die Informationen auf Ihrer Website zum Thema „Gold in alten Handys“ finde ich sehr interessant. Bestimmt hat so gut wie jede/-r mittlerweile alte elektronische Geräte zu Hause rumliegen. Auch ich besitze alte Geräte und habe nie darüber nachgedacht, ob diese noch einen Nutzen haben könnten. Auf den Gedanken, diese zu recyceln, bin ich bisher nicht gekommen. Durch die vorliegenden Informationen ist mir bewusst geworden, wie wichtig es ist, diese alten Geräte zu recyceln. Die Menge an Gold, die man aus Erz gewinnen kann, ist nämlich sehr gering. Die Daten über die Goldmenge in alten elektronischen Geräten überraschen mich, denn 6 Tonnen Gold, die allein in deutschen „Schubladen-Handys“ lagern, sind eine große Menge. Das Gold muss also auf jeden Fall recycelt werden!
Nach dem Lesen fühle ich mich dazu ermutigt, andere Leute in meinem Umfeld auf diese Thematik aufmerksam zu machen. Diese wissen vermutlich genauso wenig darüber wie ich und denken nicht weiter über ihre Altgeräte nach. Gleich morgen werde ich zu Hause alle elektronischen Geräte zusammensuchen.
Umweltschutz liegt mir persönlich sehr am Herzen und ich möchte mich auch selbst dafür einsetzen. Wenn jede/-r seine/ihre Altgeräte sachgerecht entsorgt, dann können mehr Menschen zum Umweltschutz beitragen und mit Rohstoffen verantwortungsvoller umgehen. Ich wäre Ihnen sehr dankbar, wenn Sie dieses Thema weiter aufgreifen, um noch mehr Menschen über ein umweltbewussteres Verhalten zu informieren.

Mit freundlichen Grüßen

5. Märchen zum Thema „Was du nicht willst, das man dir tu, das füg auch keinem andern zu"

Schreibplan:
Struktur Märchen: einleitender Satz (Es war einmal), Vorstellung der Figuren, Hauptteil, Schluss

Thema: „Was du nicht willst, das man dir tu, das füg auch keinem andern zu"
- Gegenseitige Rücksichtnahme auf unterschiedliche Bedürfnisse
- vorausschauendes Handeln, um die Bedürfnisse des andern abzuschätzen
- Einfühlungsvermögen

Figuren: Igelfamilie (2 Elternteile, 2 Kinder)

Handlung:
- Igelfamilie beobachtet Fuchs und Storch beim Essen
- Igelkinder lachen den Storch aus
- Eltern wollen den Kindern zeigen, dass man sich so nicht verhalten sollte
- lachen die Kinder aus, um ihnen zu zeigen, wie es sich anfühlt, ausgelacht zu werden
- Igelkinder zeigen sich einsichtig

Es war einmal eine Igelfamilie, die ganz in der Nähe von Fuchs und Storch wohnte. So ergab es sich, dass die Igelfamilie am Haus des Fuchses vorbeikam, als Fuchs und Storch zu Abend aßen. Das größere der beiden Igelkinder lief voraus und brach plötzlich in lautes Gelächter aus: „Schaut mal, schaut mal, der Storch kann ja gar nicht richtig essen!" Tatsächlich sah es sehr komisch aus, wie der Storch es aufgrund des unpassenden Geschirrs nicht schaffte, richtig zu essen, er es aber dennoch immer wieder versuchte. Die beiden Igelkinder kugelten sich vor Lachen. Dem Vater, der das Geschehen betrachtete, gefiel die Schadenfreude überhaupt nicht. „Ja, jetzt hört aber mal her! Findet ihr es richtig, euch über den Storch lustig zu machen? Was, wenn das euch passiert?" „Ach, das macht doch mir nichts aus!", behauptete das größere der beiden Igelkinder. Auch das kleinere der Igelkinder stimmte ein: „Es sieht einfach zu lustig aus."

Zu Hause angekommen, war es Zeit für das Abendessen. Wie gewohnt wollten die beiden Igelkinder ihre Sitzerhöhungen auf die Stühle legen, damit sie besser an den Tisch kamen. Sie waren ja schließlich kleiner als ihre Eltern. Wie durch ein Wunder waren die Sitzerhöhungen an diesem Tag unauffindbar. Sie suchten im ganzen Haus danach, fanden sie aber nicht. So mussten sie ohne ihre Sitzerhöhungen versuchen, zu essen. Sobald eines der Igelkinder ungelenk versuchte, an den Teller heranzukommen, brachen die Eltern in schallendes Gelächter aus. Die Igelkinder gaben sich viel Mühe, aber sie wurden immerzu ausgelacht. Das größere der beiden Igelkinder wurde schnell wütend und rief: „Was soll das? Hört auf zu lachen und helft mir!" „Also gut", versuchte der Vater, die Kinder zu beruhigen. Aus den Dachbalken über sich holte er die Sitzerhöhungen hervor und reichte sie hinüber: „Es ist wohl besser, zu helfen, anstatt jemanden auszulachen, richtig? Schließlich will keiner einfach ausgelacht werden." Die beiden Igelkinder nickten zustimmend. Sie nahmen sich vor, den Storch morgen zu besuchen, um ihm passendes Geschirr vorbeizubringen.

A. Sprachbetrachtung

1. Verben ins Präteritum setzen

Zu seinem Geburtstag bekam Tim ein neues Smartphone.
Seine Eltern verschwiegen ihm diese Überraschung.

2. Grundform der gesteigerten Adjektive

- gut (besser)
- passend (passendere)
- hoch (höchster)
- scharf (schärfer)

3. Fragesatz formulieren

Hält der neue Akku deines Smartphones länger als zwölf Stunden?

4. Wortarten bestimmen

Wort	Wortart
zwei	Zahlwort (Numerale)
eines	(unbestimmter) Artikel
informieren	Verb
in	Präposition

5. Bedeutung der Redewendungen

- [x] ununterbrochen reden
- [x] plötzlich nicht mehr weiterwissen
- [x] Unangenehmes akzeptieren
- [x] wirklichkeitsfremd sein

B. Rechtschreiben

1. Textkorrektur

- registri**e**ren
- pers**ön**liche
- **P**latz
- Medienpädagogi**k**

2. Rechtschreibstrategie

Beispielwörter	Rechtschreibstrategie
etwas <u>G</u>utes, nichts <u>S</u>chlimmes	an den vorangestellten Wörtern lässt sich erkennen, dass die Adjektive als Nomen gebraucht werden
bi**tt**en, e**ss**en, ko**mm**en	nach kurz gesprochenem Vokal folgt ein Doppelkonsonant / Silbentrennung

3. Richtigen Satz ankreuzen

a) ☒ Zu wenig Schlaf, kaum Bewegung und Ernährungsmangel können Folgen des Internetkonsums sein.

b) ☒ Fast jeder verbringt täglich Zeit im Internet, um sich zu informieren und Bankgeschäfte abzuwickeln.

4. Groß- und Kleinschreibung

Wenn die Eltern den Computer zum Ausspionieren nutzen, schränkt das die Jugendlichen stark in ihrer Privatsphäre ein.

C. Schriftlicher Sprachgebrauch

Text 1: Der Filmstar und die Eisprinzessin

1. Inhaltszusammenfassung

In der Geschichte „Der Filmstar und die Eisprinzessin" von Werner Färber geht es um das Zusammentreffen von zwei Jugendlichen im Zug, die sich zunächst gegenseitig anschwindeln, aber am Ende doch Freunde werden. Caro fährt zum ersten Mal allein mit dem Zug, um ihre Oma in Berlin zu besuchen. Ihre Mutter ist sehr besorgt und macht ihr am Bahnsteig eine peinliche Abschiedsszene. Im Abteil trifft sie auf Benny, der sich als Filmstar ausgibt. Um „cool" zu wirken, gibt sie daraufhin an, dass sie Eiskunstläuferin sei.
Beide ahnen, dass der andere nur vortäuscht, etwas Besonderes zu sein. Trotzdem unterhalten sie sich die ganze Fahrt miteinander. Als Caro dann bei ihrer Oma in Berlin ankommt, ruft Benny sie dort an. Beide lachen darüber, dass sie sich angeschwindelt haben, und verabreden sich zu einem Kinobesuch.

2. Sprachliches Bild im Textzusammenhang

In diesem Zusammenhang bedeutet „im Boden versinken", dass Caro am liebsten gar nicht mehr da sein, sondern verschwinden möchte. Denn sie findet das überbesorgte Verhalten ihrer Mutter, die sie wie ein kleines Kind behandelt, sehr peinlich und sie schämt sich dafür.

3. a) Gründe für das Verhalten

- Sie wollen angeben und sich interessanter machen, weil sie den wahren Grund ihrer Reise für langweilig halten.
- Außerdem möchten sie einfach witzig und unterhaltsam sein.

b) Zitat erklären

Caro begreift, dass Benny auch so eine peinliche Verabschiedungsszene mit seiner Mutter erlebt hat. Auch er möchte das mit seiner Angeberei überspielen. Caro erkennt, dass Benny in Wirklichkeit kein Filmstar ist, sondern sich nur interessanter machen will, so wie sie selbst auch.

c) Stellungnahme

Ich bin der Meinung, dass man alles mit Humor nehmen sollte. Würde mir so etwas passieren, wäre ich ganz und gar nicht beleidigt. Ich würde darüber lachen und es sogar ein bisschen süß finden, denn es war ja nicht böse gemeint, sondern nur eine kleine Angeberei.
Natürlich verstehe ich auch, dass jemand beleidigt ist, weil man ja mit Absicht belogen wurde. Man kommt sich dann für dumm verkauft vor und fühlt sich deswegen richtig schlecht. So kann man dem anderen auch nicht mehr hundertprozentig vertrauen.
Aber ich finde, man sollte nicht übertrieben reagieren, sondern das Ganze entspannt sehen.

4. Zusammenhang zwischen Material und Text

a) Nein, ein Mitarbeiter der Bahn kann das nicht leisten. Der Zug ist ein öffentliches Verkehrsmittel; an jedem Bahnhof wird ein- und ausgestiegen. Die Verantwortung bleibt also bei den Eltern, die dem Kind genau erklären müssen, wie es sich verhalten soll.

b) Caros Mutter hat einige Tipps der Eisenbahngesellschaft umgesetzt. Sie hat einen Zettel mit der Anschrift der Oma an dem Koffer befestigt. Weil sie noch nicht weiß, wer der Sitznachbar sein wird, bittet sie stattdessen den Zugbegleiter, ein Auge auf Caro zu haben. Ein aufgeladenes Handy und eine schriftliche Vollmacht sind weitere Tipps, die aber in der Geschichte nicht erwähnt werden.

5. E-Mail an eine/-n Freund/-in

Hallo Lisa,

ich muss dir unbedingt erzählen, was mir auf der Fahrt nach Berlin passiert ist!
Wie du weißt, bin ich allein mit dem Zug zu meiner Oma gefahren. Dementsprechend war ich aufgeregt, aber ich habe mich auch ein bisschen erwachsen gefühlt. Leider hat meine Mutter dieses Gefühl sofort wieder zunichtegemacht. Sie hat am Bahnsteig den Zugbegleiter gebeten, auf mich aufzupassen. Das war vielleicht peinlich! Ich bin doch kein kleines Kind mehr. Ich habe mich so geschämt …
Im Abteil saß schon ein Junge am Fensterplatz. Er hieß Benny und behauptete, ein Filmstar zu sein, der zu Dreharbeiten nach Berlin müsse. Da konnte ich doch nicht sagen, dass ich nur meine Oma besuche, oder? Ich stellte mich also auch vor und sagte, dass ich eine Eiskunstläuferin sei, die zum Training fahre. Aber mir war bald klar, dass seine Geschichte nicht stimmen konnte! Denn ich habe auch seine Mutter am Bahnsteig gesehen.
Trotzdem haben wir uns gut unterhalten, wir haben viel gelacht. Die Zeit verging total schnell und es war fast schade, dass wir so bald in Berlin waren. Aber stell dir vor, kaum war ich in der Wohnung meiner Oma, hat schon das Telefon geklingelt und Benny war dran! Er hat doch tatsächlich die Telefonnummer meiner Oma von dem Zettel am Koffer abgeschrieben. Und weißt du was? Er ist natürlich kein Filmstar, so wie ich keine Eisprinzessin bin. Wir mussten

beide über uns lachen. Gut, dass er Humor hat! Ich finde ihn wirklich nett ... Es kommt aber noch besser: Er hat mich gefragt, ob ich mit ihm ins Kino gehen will. Ist das nicht toll? Ich freu mich schon sehr darauf, vielleicht wird ja noch mehr daraus ... Lisa, ich glaube, ich habe mich verknallt!

Ich freue mich schon, wenn wir uns bald wiedersehen!
Deine Caro

6. Stellungnahme

Zum Erwachsenwerden gehört dazu, dass man eigene Entscheidungen treffen darf. Wir Jugendlichen wollen und sollen lernen, selbstständig zu werden. Aber dabei gibt es manchmal Probleme, weil man nicht weiß, ob man sich für das Richtige oder das Falsche entschieden hat.
Das möchte ich an zwei Beispielen aufzeigen.
Eine sehr wichtige Entscheidung ist für mich die Wahl des eigenen Freundeskreises. Mit meinen Freunden will ich Spaß haben, mich unterhalten und etwas unternehmen. Da sollten Eltern nicht mehr mitreden, denn ich weiß selbst, mit wem ich meine Freizeit verbringen möchte. Im Umgang mit meinen Freunden kann ich lernen, selbstständig zu werden, indem ich z. B. gemeinsame Unternehmungen plane. Sie können mir auch helfen, wenn ich Probleme habe, die ich nicht mit meinen Eltern besprechen will oder kann, die ich also „selbstständig" lösen will.
Doch oft gibt es Streit, weil die Eltern nicht mit den Freunden ihres Kindes einverstanden sind. Es gibt leider Jugendliche, die trinken, rauchen oder etwas Kriminelles tun. Wenn jemand in einen solchen Kreis reinrutscht, wird er eventuell verführt, auch etwas Dummes anzustellen. Da kann ich dann die Eltern verstehen, die den Umgang mit diesen „Freunden" verbieten, weshalb es dann zum Streit kommt.
Eine andere Sache ist das Thema „Weggehen" bzw. „Nachhausekommen".
Ich weiß, dass sich meine Eltern Sorgen machen, wenn ich abends rausgehen möchte. Deswegen vereinbare ich auch feste Zeiten, wann ich wieder nach Hause komme. Da ich mich immer daran halte, wissen meine Eltern, dass sie mir vertrauen können. So können wir zusammen entscheiden, wann ich abends wieder daheim sein muss. Auf diese Weise lerne ich, für mich selbst Verantwortung zu übernehmen und selbstständig zu werden.
Doch es gibt auch Eltern, die ihren Kindern ganz verbieten, alleine rauszugehen. Sie dürfen nicht mitentscheiden, wann sie wo hingehen und wie lange sie dort bleiben. Aber so lernen diese Kinder nicht, selbstständig zu werden!
Selbstständig zu werden, ist nicht einfach und oft macht man Fehler. Vielleicht treffen junge Menschen manchmal die falschen Entscheidungen. Aber wir müssen eigene Erfahrungen und auch Fehler machen dürfen, um erwachsen werden zu können.

Text 2: Ein Leben im Minus

1. Inhaltszusammenfassung

Im Text „Ein Leben im Minus" von Sebastian Pielmeier und Michael Mader geht es darum, dass immer mehr Jugendliche und junge Erwachsene hohe Schulden haben. Gründe dafür sind unter anderem überteuerte Verträge und unüberlegte Einkäufe im Internet. Da sie oft nicht viel verdienen, geraten sie in eine Schuldenfalle, aus der sie lange Zeit nicht herauskommen. Deshalb sollte man bereits in der Grundschule anfangen, Kindern den richtigen Umgang mit Geld beizubringen.

2. Fremdwörter

a) imitieren (Z. 37)
b) Prävention (Z. 48)

3. Sprachbilder erklären

Mit dem Sprachbild „Schulden schleppen sie jahrelang mit" ist gemeint, dass Jugendliche sehr hohe Schulden haben, die sie oft viele Jahre lang zurückzahlen müssen. Die Schulden lasten auf ihnen wie ein schweres Gepäckstück, das sie auf ihren Schultern tragen müssen.
„Sie tappen in die Schuldenfalle" bedeutet, dass die Jugendlichen gar nicht merken, wie sehr sie sich verschulden, wenn sie z. B. ein Auto oder das teuerste Smartphone kaufen. Sie werden oft durch „günstige" Angebote und Werbesprüche dazu verführt, aber ihnen sind die Konsequenzen nicht bewusst. Sie geraten in die Schuldenfalle und bleiben in ihr gefangen.

4. Ursachen für Verschuldung

- Verträge für Handys
- unüberlegte Käufe im Internet
- Bankkredite für das Auto
- Kauf von teuren Smartphones
- Verführung durch Gruppenzwang

5. Aussage am Text belegen

- „Prävention muss schon in der Grundschule ansetzen, wo der Gruppenzwang das erste Mal zuschlägt." (Z. 48 f.)
- „Wichtig sei, dass Kinder gerade in diesem Alter lernen, auch mal pleite zu sein, wenn sie alles Geld ausgegeben haben." (Z. 52 ff.)

6. Karikatur

a) Beschreibung

In der Karikatur sieht man auf dem linken Bild eine Bank, die verspricht, alle Wünsche zu erfüllen. Eine Frau bekommt tatsächlich sehr viel Geld und ist darüber sehr glücklich. Im rechten Bild erscheint sie beladen mit Paketen und Einkaufstaschen. Aber sie sieht nicht mehr glücklich, sondern erschrocken aus. Denn über ihr schwebt ein Hammer, auf dem „Gebühren, Raten und Zinsen" steht. Das Bild zeigt, dass die Frau bald von ihren Schulden „erschlagen" wird.

b) Bezug zwischen Text und Karikatur

Banken vermitteln oft den Eindruck, durch ihre Kredite jeden Wunsch erfüllen zu können. Man muss seine Wünsche nicht aufschieben, sondern kann sich gleich alles leisten, weil die Rückzahlung „sehr einfach" sei. Doch die schwerwiegenden Folgen von Krediten werden in der Werbung verschwiegen. Denn durch die finanziellen Zusatzbelastungen droht eine hohe Verschuldung.

7. Beitrag für die Schulhomepage

Verschuldung muss nicht sein!
Du befürchtest, mit deinem Geld nicht auszukommen? In die Schuldenfalle zu tappen? Hier erhältst du vier hilfreiche Tipps, wie du dich davor schützen kannst!

- **1. Keine Online-Händler!**
  Es ist so bequem, schnell im Internet etwas zu kaufen. Doch das ist eine Falle! Kauf nur die Dinge, die du wirklich brauchst und auch bezahlen kannst.
- **2. Gehe dem Gruppenzwang aus dem Weg!**
  Nur weil deine Freunde das neueste Smartphone haben, heißt das nicht, dass du dein ganzes Geld für ein Smartphone ausgeben musst. Dafür Schulden zu machen, lohnt sich auf keinen Fall!
- **3. Überdenke deine Verträge und Abos!**
  Gehst du überhaupt noch ins Fitnessstudio? Dein Vertrag läuft aber immer noch weiter? Schaust du noch Netflix? Nein? Also, schleunigst kündigen! So kannst du viel Geld sparen.
- **4. Der einfachste Tipp: Spare!**
  Lege jeden Monat etwas Geld zurück, damit du im Notfall immer etwas auf der Seite hast! Richte dafür einen Dauerauftrag bei der Bank ein. So wird immer ein Teil deines Lohns auf ein Extra-Konto eingezahlt, damit du gar nicht in Versuchung kommst, es auszugeben.

Mit diesen hilfreichen Tipps kommst du gar nicht in die Gefahr, Schulden zu machen! Denke immer daran: Geld ist wichtig und kostbar!

8. Stellungnahme

Sparen – lohnt sich das überhaupt noch? In der heutigen Zeit fragen sich viele, ob Sparen überhaupt noch sinnvoll ist. Im Folgenden möchte ich meine Meinung dazu äußern.
Es gibt gute Argumente, die für das Sparen sprechen. Wer spart, hat immer etwas in Reserve, falls einmal ein Notfall kommt. Wenn z. B. am Auto etwas kaputtgeht, kann man die Rechnung gleich bezahlen und muss nicht erst einen Kredit aufnehmen.
Außerdem muss man auch an die Zukunft denken. Man sollte immer etwas Geld auf die Seite legen, um sich dann größere Anschaffungen leisten zu können. Wenn ich z. B. einen neuen Fernseher kaufen will, ist es besser, ihn gleich komplett bezahlen zu können. Sonst würde mir jeden Monat etwas von meinem Lohn für die Raten abgezogen werden.
Es gibt aber auch Gründe, die gegen das Sparen sprechen. Der offensichtlichste Grund ist, dass es momentan keine Zinsen mehr für das Sparkonto gibt. Warum sollte ich dann Geld zur Bank bringen? Dann gebe ich es lieber gleich aus, bevor es durch die Inflation noch an Wert verliert.
Wer weiß, was in fünf oder zehn Jahren ist? Lieber kaufe ich das, was mir gefällt, sofort. Wenn ich nicht genügend Geld habe, kann ich es ausleihen bzw. in Raten zahlen. Denn die Zinsen dafür sind zurzeit sehr gering, in manchen Geschäften sogar bei null Prozent. Warum sollte ich also sparen?

Die Frage „Sparen – ja oder nein?" ist schwierig zu beantworten. Es ist sehr verlockend, Schulden zu machen, und wenig attraktiv, sein Geld auf ein Sparkonto zu legen. Trotzdem finde ich das Sparen sinnvoll, denn man lernt, mit Geld umzugehen, und hat immer ein Notfallpolster. Stets sollte man sich auch fragen, ob man etwas wirklich sofort braucht, und sich überlegen, ob man es sich leisten kann, ohne in eine Schuldenfalle zu tappen.

A. Sprachbetrachtung

1. Wörterbucheintrag

a) Latein, lateinisch
b) (die) Kommunikationen
c) kommunizieren
d) Ein *kommunikativer* Mensch hat wenig Probleme, auf seine Mitmenschen zuzugehen.

2. Zeitformen

a) Präsens
b) Die digitale Kommunikation wird einen wichtigen Bestandteil unseres Lebens darstellen.

3. Adverbiale Bestimmungen ergänzen

a) Einkaufslisten werden heute eher *auf dem Handy / auf dem Smartphone* gespeichert, als auf den Zettel geschrieben.
b) Mit dem Smartphone kann man seinen Alltag *schnell/einfach/leicht/unkompliziert* organisieren.

4. Satzverbindungen bestimmen

	Satzgefüge	Satzreihe	weder noch
Der Austausch unter Gesprächspartnern findet heutzutage durch E-Mails, Chats, Kurznachrichten und Sprachmitteilungen statt.			x
Die neuen Medien beeinflussen unsere Kommunikation offenbar auch dann, wenn wir gerade nicht online sind.	x		
Die Bedeutung der Körpersprache bei Gesprächen nimmt ab, denn sie ist oftmals nicht mehr Bestandteil der Interaktion.		x	

5. Wortgruppen Fällen zuordnen

Fall	Wort bzw. Wortgruppe
Genitiv (2. Fall)	eines bekannten Herstellers
Dativ (3. Fall)	Jugendlichen
Akkusativ (4. Fall)	eine vielfältige Kommunikation

B. Rechtschreiben

1. Textkorrektur

- Zusa**mm**enleben
- Bez**ie**hung
- verm**ut**lich
- **d**enkbar

2. Rechtschreibstrategie

(0)	(1)	(2)	(3)
(C)	(B)	(D)	(A)

3. Groß- und Kleinschreibung

Statt mit einer handgeschriebenen Karte werden heutzutage Urlaubsgrüße und Geburtstagsglückwünsche häufig über soziale Medien übermittelt.

4. Wörter trennen

a) Selbst I ge I sprä I che
b) zwi I schen I mensch I lich

5. Richtig geschriebenen Satz wählen

☒ Menschen kommunizieren ihre Gefühle auch durch ihre Körperhaltung und Gestik.

6. s-Laute einsetzen

Wir kommunizieren täglich auf die eine oder andere Wei**s**e.
Es ist wi**ss**enschaftlich erwie**s**en, dass wir ohne klare Gesprächsregeln schnell an Grenzen der Verständigung sto**ß**en.

C. Schriftlicher Sprachgebrauch

Text 1: Ein Roboter mit Launen

1. Inhaltszusammenfassung

Die Kurzgeschichte „Ein Roboter mit Launen" von Shinichi Hoshi handelt von einem Herrn N., der einen Roboter bei einem Wissenschaftler kauft, um einen entspannten Urlaub zu verbringen, stattdessen sich aber über die Fehlfunktionen des Roboters ärgert.
Zunächst erledigt der Roboter alle Aufgaben zuverlässig und ohne Probleme. Jedoch treten nach einigen Tagen die ersten Pannen auf und der Roboter funktioniert nicht mehr fehlerfrei. Erst nach einiger Zeit arbeitet er wieder so gut wie am Anfang. Herr N. beschwert sich bei dem Wissenschaftler, nachdem er wieder zu Hause ist. Dieser erklärt ihm aber, dass der Roboter absichtlich so programmiert war, denn er wolle verhindern, dass der Mensch unter Bewegungsmangel leide oder verblöde, wenn alles für ihn erledigt werden würde.

2. Tätigkeiten des Roboters

- kochen
- Geschirr spülen
- Zimmer aufräumen
- Mahlzeiten servieren
- Getränke servieren
- Fenster putzen
- Reparatur einer alten Uhr
- Geschichten erzählen

3. Merkmale einer Kurzgeschichte

- **direkter Einstieg:** Die Geschichte beginnt mit wörtlicher Rede, Herr N. ist bei dem Wissenschaftler und möchte einen Roboter kaufen.
- **wenige unbestimmte Personen/Figuren:** Man erhält keine Information über den Wissenschaftler. Ebenso erfährt man nicht den vollständigen Namen des Herrn N. Eine weitere namenlose Figur in der Kurzgeschichte ist der Roboter.
- **unbestimmter Handlungsort:** In dieser Kurzgeschichte werden die Namen der Insel und der Stadt nicht genannt.
- **alltägliche Handlung:** Herr N. möchte Urlaub machen.

4. Eingeplante Pannen des Roboters

Als Erstes bewegt sich der Roboter plötzlich nicht mehr. Deswegen muss Herr N. sein Essen selbst zubereiten.
Am nächsten Tag rennt der Roboter während der Arbeit einfach davon. Deswegen muss Herr N. eine Grube ausheben, um ihn wieder einzufangen.
Auch jagt der Roboter Herrn N. Somit muss der Besitzer davonlaufen und sich auf einen Baum retten.

5. Gedanken des Herrn N.

Also, wenn ich so über die Idee des Wissenschaftlers nachdenke, hat er gar nicht so unrecht. Natürlich habe ich es am Anfang genossen, dass ich von vorne bis hinten bedient wurde. War schon toll! Aber die ganze Zeit gar nichts mehr tun? Was hätte ich denn meinen Freunden berichten können? Außerdem hätte ich die freie Zeit nicht mehr genossen, denn ich hatte ja nur noch Freizeit. Irgendwann ist es ja auch langweilig, immer nur rumzuliegen und nichts zu tun. Genießt man die Freizeit denn nicht erst richtig, wenn man vorher gearbeitet und Leistung gebracht hat?
Andererseits wollte ich mich doch von meinem Stress erholen. Ich habe ja vorher geschuftet. Darum bin ich schließlich auf meine Insel gegangen und wollte mich verwöhnen und nicht von einem Roboter ärgern lassen.
Okay, vielleicht sollte der Wissenschaftler seinen Roboter etwas umprogrammieren, damit dieser nicht von einem Extrem ins andere springt.

6. Roboter aus den unterschiedlichen Materialien vergleichen

Sowohl in der Kurzgeschichte „Ein Roboter mit Launen" als auch in dem Tagebuchausschnitt unterstützt der Roboter den Menschen. Herr N. wird bekocht und der Arbeiter erhält von seinem „Robbi" Hilfe. Hier zeigt sich auch gleich der Unterschied, denn der Roboter auf der Insel ist eine menschenähnliche Maschine, während Robbi ein riesiger maschineller Arm ist.

Weitere Gemeinsamkeiten:
- Die Roboter erleichtern dem Menschen die Arbeit.
- Die Roboter erzeugen bei dem Menschen gemischte Gefühle.

Weitere Unterschiede:
- Der Roboter auf der Insel sorgt dafür, dass Herr N. seinen Urlaub nicht genießen kann. Robbi beobachtet und kontrolliert seinen menschlichen Kollegen, der wegen eines Fehlers Ärger mit seinem Chef bekommt.

7. Eigene Vorstellung eines Roboters

Mein persönlicher Roboter müsste wie ein echter Mensch aussehen. Ich kann mir nicht vorstellen, dass ich mich den ganzen Tag mit einer Maschine unterhalten möchte. Die wichtigste Funktion, die er können müsste, wäre, dass er meine Hausaufgaben erledigt bzw. mich beim Lernen unterstützt. Auch muss er aufräumen können. Da hätte ich dann viel weniger Ärger mit meinen Eltern und mein Roboter würde natürlich auch im Haushalt helfen. Schön stelle ich es mir vor, dass mein Roboter auch mein Freund/meine Freundin sein kann. Nämlich dann, wenn keine/-r meiner realen Freunde oder Freundinnen für mich Zeit hat. Er kann mir zuhören und wir könnten etwas zusammen unternehmen.

8. Stellungnahme

Roboter sind heutzutage nicht mehr wegzudenken. Besonders in der Arbeitswelt sind sie von Bedeutung. Jedoch kann ein Roboter den persönlichen Kontakt zu einem Menschen nicht ersetzen. Dies möchte ich anhand von zwei Beispielen begründen.
Manchmal gibt es Streit zu Hause, weil man sein Zimmer nicht aufgeräumt oder nicht genug für die Schule gelernt hat. In diesen Momenten braucht man einen realen Freund, der einem zuhört und seine persönliche Meinung dazu sagt. Der einem Tipps gibt, wie man den Streit bereinigen kann. Da solche Situationen sehr individuell sind, ist es wichtig, persönliche Ratschläge zu erhalten. Hier hilft es einem nichts, wenn ein Roboter sein programmiertes Wissen runterspult, da er Gefühle komplett außer Acht lässt.
So komme ich gleich zu meinem zweiten Beispiel: Wenn nämlich jemand Liebeskummer hat. Da spielen so viele Gefühle eine Rolle und deshalb ist da eine Maschine wirklich nicht hilfreich. Hier benötige ich doch jemanden, der mich in den Arm nehmen kann, mir Trost spendet und mich wieder aufbaut. Jemand, der mir zeigt, dass das Leben weitergeht.
Ich bin der Meinung, dass Roboter in der Arbeitswelt eine sinnvolle Unterstützung sind und einem das Leben erleichtern können. Jedoch kann eine programmierte Maschine niemals einen Menschen ersetzen, der mit einem Gefühle und Berührungen teilt.

Text 2: Smart Clothing – Was kann „intelligente Kleidung"?

1. Kernaussagen

- Smarte Kleidung mit Zusatzfunktionen wird immer beliebter.
- Hardware wird zunehmend kleiner und unsichtbarer.
- Vor allem bei Sport- und Outdoorbekleidung gibt es viele sinnvolle Funktionen, z. B. Selbstreinigung, Beheizung, Lüftung u. a.
- Auch im Medizinbereich gibt es Textilien, die Vitalfunktionen messen.
- Da die Technik noch nicht vollständig unsichtbar sein kann, braucht man kleine Zusatzgeräte für die Energieversorgung und die Datenübertragung.
- Wissenschaftler forschen an wasserfesten und flexiblen Solarzellen, die man auf die Kleidung aufdrucken kann.

2. Fremdwörter

a) fungieren (Z. 3)
b) Fusion (Z. 16)
c) integrieren (Z. 60)
d) flexible (Z. 73)

3. Aussage erklären

Die Aussage bedeutet, dass die Computer immer kleiner und weniger sichtbar werden. In einigen Alltagsgegenständen ist die darin enthaltene Technologie bereits so versteckt, dass man sie gar nicht mehr wahrnimmt.

4. Aussage am Text belegen

- „Noch sind die Entwickler allerdings nicht so weit, dass sie die Technik wirklich vollständig in ihren Textilien verschwinden lassen können." (Z. 56 ff.)
- „Die Herausforderung dabei: Die Kleidung soll trotz Elektronik robust und dehnbar sein und Waschgänge unversehrt überleben." (Z. 61 ff.)
- „Außerdem muss sie irgendwie mit Energie versorgt werden." (Z. 63 f.)

5. Funktionen von intelligenten Textilien

Freizeit:
- selbstreinigende, beheizbare Kleidung
- Vibrationen verhelfen zur richtigen Körperhaltung
- Erfassung von Jogging-Strecken
- Pulsmessung beim Joggen

Medizin:
- Messung von Herzschlag und Sauerstoffgehalt im Blut
- Aufzeichnung von Vitalwerten
- Registrieren von Entzündungen am Fuß bei Diabetikern und Diabetikerinnen
- Information über Fortschritte bei der Wundheilung

6. a) Zusammenhang zwischen Text und Bezeichnung „gläserner Mensch"

Mithilfe intelligenter Kleidung erfährt man viel über den Gesundheitszustand und die Vitalfunktionen eines Menschen. Diese Informationen werden ins Internet übertragen, dort gespeichert und können dann auch missbräuchlich abgerufen werden. So werden auch die Gesundheitsdaten „gläsern".

b) Vor- und Nachteile des „gläsernen Menschen"

Vorteile:
- medizinische Daten für Ärzte und Ärztinnen abrufbar
- schnelles Auffinden bei Unfall, bei Verletzung
- Finden von vermissten Personen

Nachteile:
- keine Privatsphäre mehr
- Ortung/Überwachung möglich
- Kaufverhalten wird beeinflusst, da man durch die ständige Werbung manipuliert wird
- Datendiebstahl
- Daten werden für alle sichtbar, evtl. sogar Nachteile bei der Stellensuche

7. Karikatur beschreiben

Eine Frau steht in ihrer Küche, die voller elektronischer Geräte ist. Es gibt z. B. einen intelligenten Kühlschrank, eine intelligente Kaffeemaschine und natürlich ein Handy und einen Laptop. Alle sind offensichtlich miteinander vernetzt und immer online, was durch das WLAN-Symbol sichtbar wird. Die Frau spricht mit ihnen wie mit echten Menschen. Sie beschwert sich, dass eines dieser Geräte eigenständig 20 Pizzen bestellt hat.
Die Karikatur soll zeigen, dass die Technik ein Eigenleben entwickelt hat und dass sie nicht immer zuverlässig arbeitet. Die Gefahr besteht, dass in Zukunft smarte Geräte die Kontrolle über die Menschen gewinnen.

8. Tipps zum Schutz der Privatsphäre

- insgesamt wenig posten, damit nicht jeder weiß, was man gerade macht und wo man gerade ist
- in Chats die wahre Identität verbergen, wenn man mit Unbekannten Kontakt hat
- nur Freunden den Zugang zum eigenen Account erlauben
- regelmäßig Passwörter ändern
- aktuellen Virenschutz benutzen
- Privatsphäreneinstellungen überprüfen

9. Stellungnahme

Moderne Technik hat unser Leben bereichert. Für Medizin, Wissenschaft, Forschung und Unterhaltung war das ein großer Schritt nach vorne. Viele Menschen meinen aber auch, dass früher alles besser war. Im Folgenden möchte ich dazu ausführlich Stellung nehmen.
Allein im Bereich Medizin gab und gibt es große Fortschritte, die ohne moderne Technik nicht möglich wären. Man kann todkranke Menschen retten, weil es Maschinen gibt, die z. B. die Funktionen der Lunge, des Herzens oder der Niere übernehmen können. Gerade jetzt in der Corona-Zeit überleben viele Menschen nur, weil sie an Beatmungsgeräte angeschlossen werden können. Durch digitale Geräte wie Computer oder Smartphones haben wir viele Möglichkeiten, unseren eigenen Alltag leichter und aufregender zu gestalten. Wenn man z. B. bestimmte Informationen braucht, muss man nicht mehr stundenlang in Bibliotheken danach suchen. Man kann sich sein Unterhaltungsprogramm selbst zusammenstellen. Das Internet bietet unzählige Möglichkeiten, sich jederzeit mit Spielen, Filmen und Musik zu unterhalten.
Andererseits gibt es aber auch negative Seiten der modernen Technik. Wer sie nicht verantwortungsvoll nutzt, gerät leicht in Gefahr, davon abhängig zu werden, z. B. durch Computerspiele. Moderne Technik sollte uns eigentlich die Arbeit erleichtern, aber sie kann auch gesundheitliche Schäden verursachen. Wer in einem Büro dauernd am Computer arbeiten muss, bekommt oft Rückenschmerzen oder Augenreizungen, weil er zu viel auf den Bildschirm starren muss. Die ständige Erreichbarkeit kann Stress auslösen, welcher zu Schlafstörungen und anderen psychischen Problemen führen kann.
Obwohl die moderne Technik nicht nur Vorteile hat, bin ich der Meinung, dass sie insgesamt unser Leben aufregender und leichter gemacht hat. Ich könnte mir ein Leben ohne Smartphone und Internet nicht vorstellen.

A. Sprachbetrachtung

1. Wörterbucheintrag

a) aus dem Französischen, französisch
b) (die) Engagements
c) engagiert
d) Viele Schüler/-innen engagieren sich für den Klimaschutz.

2. a) Unterstreiche in den Sätzen die angegebenen Satzglieder.

Im Sommer wollen viele Familien verreisen.	**Prädikat**
Aber während der Schulferien zahlt man mehr als sonst.	**Adverbiale der Zeit**

b) Bestimme die unterstrichenen Satzglieder und trage sie in die Tabelle ein.

Manche Familien verbringen **ihren Urlaub** deshalb zu Hause.	**Akkusativobjekt**
Kindern und Jugendlichen bieten Städte und Gemeinden abwechslungsreiche Ferienangebote an.	**Dativobjekt**

3. Sätze ergänzen

a) Viele Orte locken die Touristen mit *attraktiven/günstigen* Angeboten.
b) Ein freies Zimmer ist *in/während* der Hauptsaison schwer zu bekommen.
c) Am Strand verkaufen *viele/zahlreiche/einige/unzählige* Händler ihre Produkte.
d) Für *unsere/meine/deine* Freunde zu Hause bringen wir gerne kleine Geschenke mit.

4. Wörter einsetzen

a) Bei *schlechtem Wetter* könnte man ins Kino gehen.
b) An manchen Tagen werden in Kinos vergünstigte Eintrittspreise *angeboten*.
c) Viele *Jugendzentren* veranstalten Spieleabende.
d) Auch ein gemütlicher Abend im Kreise *der Familie* ist nicht zu verachten.

B. Rechtschreiben

1. Richtig oder falsch?

Rechtschreibstrategie	richtig	falsch
Die Konsonanten „ck" und „tz" stehen nur nach einem lang gesprochenen Vokal.		x
Wenn du versuchst, ein Wort zu steigern, kannst du herausfinden, ob es ein Verb ist.		x
Mit der Verlängerungsprobe kannst du herausfinden, ob du am Ende eines Wortes „d" oder „t" schreiben musst.	x	
Um herauszufinden, ob du ein Wort großschreiben musst, kannst du auf vorausgehende Signalwörter achten.	x	

2. s-Laute einsetzen

Martin und Murat sind begei**s**terte Fu**ß**ballspieler. Mittwochs la**ss**en sie sich von ihren Eltern regelmä**ß**ig zum Training bringen. Diese beobachten gerne, wie die zwei dann über den Ra**s**en laufen und die Hinderni**ss**e mit Leichtigkeit umspielen. Auch wenn sie am Ende des Trainings müde sind, sagen sie immer, da**ss** es ihnen Spa**ß** gemacht hat.

3. Wörter korrigieren

- en**tt**äuscht (Z. 2)
- storn**ie**ren (Z. 2)
- **s**onnig (Z. 4)
- erfrischen**d** (Z. 4)

4. Satz in richtiger Groß- und Kleinschreibung aufschreiben

Es ist für jeden Menschen wichtig, regelmäßig und ausdauernd Sport zu treiben. Dabei spielt es keine große Rolle, welche Sportart gewählt wird.

C. Schriftlicher Sprachgebrauch

Text 1: Die Insel

1. Inhaltszusammenfassung

Die Geschichte „Die Insel" von Beate Massmann handelt von dem Problem des Massentourismus, gezeigt am Beispiel einer kleinen Insel.
Zu Beginn der Geschichte machen zwei junge Menschen auf einer einsamen Insel Urlaub. Sie genießen dort das Alleinsein und die Einzigartigkeit. Später lernen sie Tehei kennen, den einzigen Bewohner der Insel, und freunden sich mit ihm an. Im Laufe der Zeit beteiligt sich dieser aktiv an der touristischen Erschließung der Insel. Jahr für Jahr, dann in größeren Abständen, kehrt das Pärchen an diesen Ort zurück und erlebt die zunehmende Veränderung. Nach einigen Jahren herrscht dort Massentourismus mit all seinen Folgen. Als die Ich-Erzählerin zufällig auf Tehei trifft, äußert sein Enkel den Wunsch, einmal Urlaub auf einer einsamen Insel zu machen.

2. Fremdwörter

a) Machete (Z. 11)
b) Konserven (Z. 54)
c) Pavillons (Z. 64)
d) komfortabel (Z. 73)

3. Textstellen in eigenen Worten erklären

a) „Wir lebten wie die Könige" bedeutet, dass es ihnen gut ging, denn sie hatten alle Annehmlichkeiten, die sie sich wünschten. Auch konnten sie tun und lassen, was sie wollten, und mussten sich an keine Vorschriften und Regeln halten.

b) „… an den dicht geschachtelten Hotelanlagen …": Dies bedeutet, dass ein Hotel ganz dicht an das andere gebaut ist und eins dem anderen gleicht. Die Anlagen stehen so eng nebeneinander, dass sie wie gestapelte Kartons aussehen.

4. Aussage erklären

Die Ich-Erzählerin und ihre Begleitung sehen sich als die Entdecker der Insel, haben dort viele Urlaube verbracht und empfinden dieses Fleckchen Erde als ihre zweite Heimat. Gerade weil sie zu Beginn fast alleine auf der Insel waren, drückt die Erzählerin mit diesen Worten ihren Besitzanspruch aus.

5. Zeitrahmen festlegen und begründen

Vermutlich sind mindestens 25 Jahre vergangen, weil Tehei am Ende der Geschichte einen sechsjährigen Enkel hat. Am Anfang war er noch alleine auf der Insel. Auch die Veränderungen auf der Insel wie Flughafen, riesige Hotelanlagen usw. können nicht in kürzester Zeit geschehen sein, sondern haben wahrscheinlich Jahrzehnte gedauert.

6. a) Veränderungen notieren

Insel beim ersten Besuch	Insel bei späteren Besuchen
fast unbewohnte Insel	viele Touristen
kleiner Bach mit Süßwasser	verschmutzter Bach, salzig
Selbstversorger	zahlreiche Lokale, All Inclusive
viele wilde Mangobäume	wenige wilde Mangobäume
kein Strom	Strom von Dieselgeneratoren
kein Müll	wilde Müllkippen

b) Besuchszeitraum auswählen und begründen

Ich wäre lieber bei den letzten Besuchen dabei gewesen. Ich kann mir z. B. überhaupt nicht vorstellen, meine Nahrung selbst zu fangen. Das wäre schon die erste Hürde, an der ich scheitern würde. Wenn ich in den Urlaub fahre, möchte ich Spaß mit meinen Freundinnen und Freunden haben, abends lange ausgehen und feiern. Ich stelle es mir ohne Handy, Internet und andere Menschen sehr langweilig vor. Man kann nicht viel mehr machen, als Palmen zu zählen und im Wasser zu planschen. Auch die Anreise muss bei mir schnell und bequem gehen, weil ich nicht so viele Ferientage habe, um mich zu erholen. Außerdem bringt der Massentourismus nicht nur Nachteile mit sich, sondern die Menschen auf der Insel können dadurch auch Geld verdienen und somit ein besseres Leben haben.

oder

Ich wäre lieber bei den ersten Besuchen auf der Insel gewesen. Ich stelle es mir toll vor, eine Insel fast für mich alleine zu haben, die unberührte Natur genießen zu können und unter freiem Himmel zu schlafen. Gerade in unserem hektischen Alltag ist das ein guter Ausgleich, um Ruhe zu finden – ohne Lärm und Verkehr, Müll und Ablenkung. Es ist sicher eine tolle Erfahrung, zu sehen, dass man nicht viel braucht, um glücklich zu sein. Außerdem ist es auch ein Abenteuer, mit dem Boot anzureisen und sich selbst um Nahrung kümmern zu müssen.

7. a) Karikatur beschreiben

In der Karikatur M1 sieht man eine scheinbar unendliche Menschenschlange am Strand. Parallel dazu ist in der gleichen Länge eine Aneinanderreihung von Liegen zu erkennen, die alle belegt sind. Bereits am Strandanfang liegt Müll im Sand und über dem Strand fliegen etliche Flugzeuge.

b) Zusammenhang zwischen Text und Karikatur herstellen

Die Karikatur zeigt die Veränderung, die die Insel über Jahre durchgemacht hat. Man sieht nicht mehr den leeren, einsamen Strand, sondern die Massen an Touristen, die per Flugzeug an- und abreisen, versuchen, einen Platz am Strand zu ergattern, und während ihres Urlaubs auch Unmengen an Müll zurücklassen.

8. Stellungnahme

In den vergangenen Jahren hört und liest man, dass immer mehr Einheimische in vielbesuchten Urlaubsorten eine Begrenzung der Touristenzahl fordern. Auch ich möchte zu dieser Aussage Stellung nehmen.
Ich kann die Einheimischen verstehen, denn viele Menschen verhalten sich im Urlaub sehr rücksichtslos. Sie meinen, weil sie den Urlaub bezahlt haben, könnten sie tun und lassen, was sie wollen. Dabei werden oftmals die Grenzen deutlich überschritten. Zum Beispiel betreten manche Touristen unerlaubt die Grundstücke von Einheimischen oder lassen einfach ihren Müll liegen. Durch die Masse an Menschen müssen die Einheimischen längere Wartezeiten in Geschäften oder Freizeiteinrichtungen hinnehmen.
Ein weiterer Nachteil des Massentourismus besteht darin, dass in den Urlaubszentren alles viel teurer wird: Speisen und Getränke in Lokalen, die Preise bei öffentlichen Verkehrsmitteln, Gebrauchsgüter, aber vor allem die Mieten. Das können sich die Einheimischen oft nicht mehr leisten, und sie müssen eventuell sogar in eine andere Stadt ziehen. Mein letztes Argument für eine Begrenzung der Touristenzahl ist die große Umweltverschmutzung. Sei es z. B. durch Kreuzfahrtschiffe und deren Abgase oder die Müllmassen.
Natürlich gibt es auch Vorteile, die der Massentourismus mit sich bringt. Jedoch sind die Nachteile sehr schwerwiegend, und man muss sich Lösungen überlegen, wie man Tourismus, Natur und die Lebensqualität der einheimischen Bevölkerung vereinen kann.

Text 2: Hund und Mensch – Ziemlich beste Freunde

1. Inhalt der Textabschnitte wiedergeben

a) Zeile 4 bis 15: Eine Berliner Tierärztin gibt sehr viel Geld aus, um ihren Hund retten zu lassen.
b) Zeile 24 bis 47: Der Hund ist seit Jahrtausenden ein treuer Gefährte des Menschen.
c) Zeile 55 bis 64: Manche Menschen behandeln ihre Hunde falsch.
d) Zeile 65 bis 75: Die Wirtschaft verdient viel Geld an Hundehaltern und Hundehalterinnen.

2. Fremdwörter

a) Singles (Z. 48)
b) Accessoire (Z. 64)

3. Vier Textbeispiele zur Aussage finden

- Futter für 1,2 Mrd. Euro
- Umsatz rund 5 Mrd. Euro
- Restaurants für Hunde
- Geschäfte für Hunde

oder

- wachsende Anzahl von Hundeschulen
- Schwimmen, Yoga, Tanzen für Hunde
- Hundephysiotherapie

4. a) Vier Aussagen der Grafik formulieren

- Die Anschaffungskosten für Hamster sind am geringsten.
- Für die Ausstattung muss man im Durchschnitt bei allen drei Haustieren in etwa gleich viel zahlen.
- Die Gesamtkosten sind am höchsten für den Hund, am geringsten beim Hamster.
- Der Hund ist am teuersten bei den laufenden Kosten pro Jahr.

oder

- Katzen haben mit durchschnittlich 16 Jahren die höchste Lebenserwartung.

b) Zwei weitere Überlegungen bei der Anschaffung eines Haustieres

Man sollte nicht nur auf die Kosten schauen, wenn man sich ein Haustier anschaffen will, sondern sich auch gut überlegen, ob man genügend Zeit und Platz dafür hat.
Besonders Hunde brauchen viel Aufmerksamkeit, Pflege und Beschäftigung. Man muss sich sicher sein, dass man z. B. jeden Tag Zeit hat, zwei Stunden mit dem Hund Gassi zu gehen oder mit ihm zu spielen. Menschen, die lange arbeiten, haben meist keine Zeit für ein Haustier.

oder

Außerdem brauchen Haustiere auch Platz. Es ist wichtig, dass sich das Tier wohlfühlt! Ein großer Hund braucht einen Garten, wo er auch ohne Begleitung rennen und spielen kann. In einer kleinen Wohnung ist das bestimmt nicht möglich.
Auch bei einer Katze muss man sich überlegen, wo das Katzenklo oder ein Kratzbaum Platz haben und wo sich das Tier zurückziehen kann. Selbst der Käfig für einen Hamster braucht einen geeigneten Ort, wo es nicht zu laut, zu hell oder zu dunkel ist.
Ein weiterer Punkt ist die Urlaubsplanung. Wenn man das Tier nicht zu den jeweiligen Zielen mitnehmen kann, benötigt man eine gute Betreuungsmöglichkeit, mit der sich die Tiere auch wohlfühlen. Das ist bei einem Hamster sicher einfacher als bei einer Katze, die sich oftmals nur schwer an neue Umgebungen gewöhnt, oder einem Hund, der viel Aufmerksamkeit benötigt.

5. a) Karikatur M3 beschreiben

Die Karikatur zeigt einen wilden, aggressiven Hund, der auf fremde Menschen losgeht. Diese laufen voller Angst davon oder retten sich auf einen Baum. Der Besitzer schreitet aber nicht ein, sondern nimmt diese Situation ganz locker. Er verharmlost sogar die Gefahr, indem er meint, dass der Hund ja nur spielen möchte.

b) Zusammenhang zwischen Aussage und Karikatur herstellen

Die Karikatur zeigt, warum jeder Hund eine Hundeschule besuchen sollte. Wie man sieht, können unerzogene Hunde richtig gefährlich werden und Menschen verletzen oder sogar töten. In einer Hundeschule lernen Hunde, dass sie Regeln befolgen und ihren Besitzern oder Besitzerinnen gehorchen müssen. Es ist wichtig, dass Hundehalter/-innen im Ernstfall den Hund unter Kontrolle haben. So können Gefahren für Mensch und Tier vermieden werden.

6. Meinung zur Fragestellung formulieren und begründen

Meiner Meinung nach stimmt diese Aussage. Ein Hund zum Beispiel ist seinem Besitzer oder seiner Besitzerin treu und ihm oder ihr gegenüber loyal. Er ist immer an deiner Seite und würde nie von dir weggehen. Er will Zeit mit dir verbringen und Spaß haben. Ein Hund spürt auch, wenn es dem Herrchen oder Frauchen nicht so gut geht, und ist dann besonders liebevoll. Bei Menschen hingegen ist man oft enttäuscht, wenn sie z. B. nicht für einen da sind, wenn man sie braucht.

Menschen können unehrlich sein, einen anlügen oder Geheimnisse verraten. Hunde lügen nie! Sie können auch nicht mit Worten verletzen, sondern nehmen ihren Besitzer oder ihre Besitzerin so, wie er oder sie ist. Einem Hund kann man auch alles anvertrauen, denn er hört immer zu und erzählt nichts weiter.

Deswegen ist meiner Meinung nach ein Hund oftmals der bessere Freund. Ein Sprichwort sagt: „Ein Hund ist dir im Sturme treu, der Mensch nicht mal im Winde!" Dem kann ich nur zustimmen.

7. Aussage verdeutlichen und Stellung nehmen

Immer wieder liest und hört man in den Medien, dass Haustiere nicht artgerecht gehalten werden. Hierzu möchte ich Stellung nehmen.

Manche Hundebesitzer/-innen behandeln ihr Haustier wie ein Baby oder wie eine Puppe. Sie tragen es auf dem Arm oder in einer Tasche herum und wollen es nur vorzeigen und damit angeben. Das ist nicht artgerecht. Auch kleine Hunde brauchen Bewegung und sind keine Accessoires.

Auch was die Hygiene betrifft, behandeln manche Hundebesitzer/-innen ihre Haustiere wie Menschen und waschen ihnen zu häufig das Fell. Ein Hund hat aber ein spezielles Körperfett unter dem Fell, das ihn vor äußeren Einflüssen schützt. Dieser Schutz kann durch häufiges Waschen verloren gehen. Die Folge kann sein, dass der Hund einen Ausschlag bekommt.

Manche Haustiere werden überzüchtet, damit sie ein besonderes Fell oder eine besondere Körperform bekommen. Ein Beispiel dafür ist der Mops, der sehr schlecht atmen kann, weil seine Nase für das „typische" Mopsgesicht sehr klein und flach gezüchtet worden ist. Es gibt Katzen, die durch Züchtung kein Fell mehr haben, weil sie dann auch für Allergiker/-innen geeignet sind. Meiner Meinung nach ist das Tierquälerei.

Daher vertrete ich die Ansicht, dass Haustiere artgerecht gehalten werden müssen. Denn es sind immer noch Tiere und kein Menschenersatz! Sie sollten so behandelt werden, wie es ihrer Art entspricht. Nur dann können sie ein gutes Leben haben.

Teil A Zuhören

1. Hörtext 1: Bitte ein Tief „Sabine" und ein Hoch „Max"

Kurzantworten nennen

(1) nur Vornamen
(2) dauern länger und sind seltener
(3) 2022 sind Tiefdruckgebiete weiblich.
(4) Freie Universität Berlin

2. Hörtext 2: Hagelkörner so groß wie Golfbälle

Gliederungspunkte ergänzen

(1) Dauer und Menge am Beispiel 1984
- 20 cm hohe Hagelschicht
- 20- bis 30-minütige Dauer

(2) Schäden durch Hagel
- 70 000 Wohngebäude
- 200 000 Autos

oder:
- 20 000 Hektar Getreide
- 400 Menschen verletzt

(3) Entstehung von Hagel
- warme Luft steigt schnell auf
- Regen gefriert beim Abkühlen in höheren Schichten.

(4) Was macht Hagel so gefährlich?
- schwer vorherzusehen
- kann Menschen verletzen

3. Hörtext 3: Radiointerview zum Thema „Schnee"

Behauptungen zuordnen

(1)	(2)	(3)	(4)
F	A	D	G

Teil B Sprachgebrauch – Sprachbetrachtung

1. a) **Satzglieder voneinander trennen**

Die über mehrere Jahre oder Jahrzehnte auftretende gesamte Witterung einer Region oder Klimazone | bezeichnet | man | als Klima.

b) **Satzglieder bestimmen**

- Sonneneinstrahlung: Subjekt
- unserer Erde: Genitivobjekt

2. **Sinnvollen Satz bilden**

Um passende Wetter- und Klimavorhersagen treffen zu können, haben Bauern Bauernregeln entwickelt.

3. **Fremdwörter ersetzen**

a) ☒ wichtige

b) ☒ Verfahren

4. **Pluralform bilden**

der Sturm	die Stürme
die Wolke	die Wolken

5. **Korrekte indirekte Rede ankreuzen**

☒ Der Bauer sagt, gehest du im April bei Sonne aus, lasse nie den Regenschirm zu Haus.

Teil B Sprachgebrauch – Rechtschreiben

1. **Fehler finden und korrigieren**

- d**e**uten
- Erkl**ä**rung
- sogena**nn**ten
- hei**ß**este

2. **Richtige Schreibweise mit Rechtschreibstrategie begründen**

H**eu**tzutage ist es wichtiger denn je, auf Klimaschutz zu achten. Im Wald sterben immer mehr B**äu**me, weil sie z. B. durch lange Dürrezeiten zu wenig Wasser haben. Aber auch Wiederk**äu**er produzieren massenhaft schädliche Gase. Machen wir so weiter wie bisher, wird es uns t**eu**er zu stehen kommen.

heutzutage – verwandtes Wort suchen, z. B. „heute"
Bäume – Singular bilden: der Baum
Wiederkäuer – verwandtes Wort suchen, z. B. „kauen"
teuer – Lernwort

3. Wörter trennen

a) Hoch – druck – la – ge
b) Wet – ter – phä – no – me – ne

4. Korrekte Schreibweise einkreisen

Starke Hitze im Sommer kann krank machen. Besonders gefährdet sind Menschen mit Diabetes, Herz-Kreislauf-Erkrankungen oder chronischen Atemwegsproblemen. Es kann aber auch scheinbar gesunde/Gesunde treffen. In die Notaufnahme kommen gerade bei hohen Temperaturen viele/Viele mit einer Herzrhythmusstörung.

Teil C Lesen

Text: Klimawandel – Definition, Ursachen und Folgen

1. Text zusammenfassen

In dem Sachtext „Klimawandel – Definition, Ursachen, Folgen" geht es um den Klimawandel und den Treibhauseffekt. Der Text beschreibt, wie es zum Klimawandel kommt und welche Folgen er für die Menschen und die Natur hat. Außerdem wird erklärt, wie man den Klimawandel stoppen bzw. verlangsamen kann.

2. Fremdwörter zuordnen

a) folgenschwer – fatal (Z. 4)
b) Folge, Auswirkung – Konsequenz (Z. 64)

3. Folgen des Klimawandels aufzählen

- Dürreperioden
- Überschwemmungen
- Aussterben von Tierarten
- Unbewohnbarkeit von Lebensräumen

4. Aussage im Textzusammenhang erläutern

Mit der Aussage ist gemeint, dass vor allem der Mensch für die Erderwärmung verantwortlich ist. Vor allem durch die Verbrennung von fossilen Energien gelangt eine große Menge an CO_2 in die Atmosphäre. Da CO_2 eines der wichtigsten Treibhausgase ist, bewirkt die Verbrennung, dass sich die Erde stetig erwärmt. Verstärkt wird dieser Effekt noch durch die Abholzung von Wäldern: Durch die fehlenden Bäume erwärmt sich die Erde durch den Treibhauseffekt immer weiter.

5. Gründe dafür nennen, dass besonders Entwicklungsländer von der Klimakrise betroffen sind

- besitzen weniger Mittel
- sind von der ausbleibenden Landwirtschaft betroffen
- fehlende politische Beachtung

6. Was passiert, wenn der Klimawandel nicht aufgehalten wird

Wird der Klimawandel in den nächsten Jahren nicht aufgehalten, kann und wird dies zu existenziellen Problemen und Bedrohungen des gesamten Lebens auf der Erde führen.

7. Begriff „natürlicher Treibhauseffekt" erklären

Sonnenstrahlen treffen auf die Erde und werden von natürlichen Gasen und Wolken absorbiert. Anschließend werden sie zum Teil auf den Planeten zurückgestrahlt und halten ihn so warm.

8. Vier Aussagen aus den Materialien ableiten

- Frauen fürchten sich mehr vor dem Klimawandel als Männer.
- Vor Naturkatastrophen fürchten sich mehr Frauen als Männer.
- Weniger als die Hälfte der Deutschen fürchtet sich vor dem Klimawandel oder Naturkatastrophen.
- Vor der Industrialisierung gab es weniger Einflussfaktoren für den Treibhauseffekt.
- Seit der Industrialisierung ist mehr CO_2 in der Atmosphäre.

Teil D Schreiben

Aufgabengruppe I

1. Rede über Klimawandel verfassen

Schreibplan:

Einleitung:
- momentane besondere Situation
- Klärung der Kernbegriffe

Hauptteil:
- negative Auswirkungen des Klimawandels
- Ursachen des Klimawandels

Schluss:
- Aufzeigen von Lösungsmöglichkeiten
- Appell

Liebe Mitschülerinnen und Mitschüler,

wie ihr alle wisst, ist der Klimawandel und die daraus hervorgehende Erderwärmung ein riesiges Problem für uns und zukünftige Generationen.
Zuerst möchte ich euch noch einmal kurz erläutern, was man unter dem „Klimawandel" versteht und welche Auswirkungen dieser auf unser tägliches Leben sowie unsere Zukunft hat. Schließlich möchte ich auf verschiedene Möglichkeiten eingehen, wie wir uns alle konkret am Klimaschutz beteiligen können.
Klimawandel bedeutet für uns entweder die Abkühlung oder Erwärmung des Klimas auf der Erde über einen längeren Zeitraum. In den letzten Jahrzehnten ist das Klima immer heißer geworden, während es gleichzeitig weniger Niederschlag gibt. Dies ist nicht nur ein persönliches Empfinden, sondern wurde auch von der Wissenschaft belegt.

Die globale Erderwärmung ist eine Folge dieses Klimawandels, die der Mensch verursacht hat und durch sein Handeln weiter verschlimmert.
Als Ursache für diese Art des Klimawandels ist der Treibhauseffekt anzusehen: Sonnenstrahlen treffen auf die Erde und werden von natürlichen Gasen und Wolken aufgenommen und zu einem Teil wieder zurückgestrahlt. Eines dieser Gase ist das CO_2. Leider stieg die Konzentration von CO_2 in den letzten Jahrzehnten, sodass sich die Erde immer mehr erwärmte. Grund für den Anstieg des CO_2 ist vor allem die Industrialisierung und die Verbrennung von fossilen Brennstoffen. Eine weitere Ursache ist z. B. die Rodung von Wäldern.
Wie ihr seht, sind die Probleme durch den Menschen verursacht. Genau hier möchte ich nun ansetzen und an euch appellieren, das Klima zu schützen und die Welt für unsere Nachkommen zu bewahren. Jede/-r kann einen Teil dazu beitragen. Anfangen kann man beispielsweise bei der Ernährung: Durch die Reduzierung von tierischen Produkten können Ressourcen geschont werden. Außerdem kann man darauf achten, verstärkt regionale und saisonale Produkte zu kaufen. Ein Besuch auf dem Markt bietet die Möglichkeit, Obst und Gemüse ohne Verpackung zu kaufen, was ebenfalls der Umwelt zugutekommt. Generell sollten wir auch weniger Lebensmittel verschwenden und bewusster konsumieren.
Ihr seht also, dass wir alle etwas in unserem Alltag ändern können, um einen kleinen Beitrag zu leisten. Denn nur zusammen sind wir stark!

2. Meinung über „Fridays for Future" begründen

Seit einiger Zeit gehen immer mehr Schüler/-innen jeden Freitag auf die Straße und kämpfen in der Bewegung „Fridays for Future" für den Klimaschutz.
Ich finde, dass dies eine sehr gute und nachhaltige Bewegung ist, weil sie sich für unsere Zukunft und das Leben unserer Nachkommen einsetzt. Wir können auf unserem Planeten nur sicher und glücklich leben, wenn es das Klima zulässt und wir z. B. nicht immer wieder von Naturkatastrophen heimgesucht werden, die von der Erderwärmung verursacht werden.

3. Tagebucheintrag über die Ereignisse im Sommer 2040 verfassen

Freitag, 27.7.2040

Liebes Tagebuch,

heute war der letzte Schultag vor den Sommerferien. Mein Gott, wie wir die Ferien brauchen! Es ist so heiß, dass es eigentlich eine Zumutung war, in die Schule zu gehen. Wie war das wohl früher? Leider gibt es kein Hitzefrei mehr und wir müssen trotzdem bei 35 Grad im Schatten bis 16 Uhr in der Schule bleiben. Gut, dass heute wenigstens die Schule bereits um 10 Uhr aus war.
Also gingen Paula, Mathieu, Laszlo und ich an unseren Lieblingsweiher. Es war der Wahnsinn. Ungefähr 1000 Menschen hatten die gleiche Idee wie wir. Nur gut, dass wir mit unserem Chip eine kleine Parzelle reserviert hatten. Der freundliche Security-Roboter brachte uns zu dem kleinen, überdachten Platz. Eine Drohne servierte uns später leckere Drinks und die Insektenburger, auf die wir uns schon so lange gefreut hatten.
Anschließend sprangen wir ins Wasser. Natürlich war das Wasser auch hier nur 80 cm tief, weil ja Wasserknappheit herrscht und deshalb niemand mehr richtig schwimmen kann. Mein Opa hat mir erzählt, dass er noch Schwimmunterricht in der Schule hatte und sie in einem Fluss ohne Aufsicht geschwommen sind. Das war sicher krass.
Am Ende des Tages fuhren wir mit unseren selbstfahrenden Rollern zu Paula und spielten mit ihrem neuen Cyberhund. Den hat sie gestern bekommen. Paula hofft nur, dass dieses Mal die Batterie länger hält als beim letzten Hund. Nach vier Monaten musste sie ihn schon auf den Recyclinghof bringen. Das brach ihr das Herz!

Aufgabengruppe II

1. Erzähltext über „Generation Mars"

Schreibplan:

Einleitung:
- Hinführung zum Thema
- Beschreibung der Ausgangssituation

Hauptteil:
- Veränderung der Lebensumstände
- Veränderung der Schulsituation
- Veränderung beim Essen

Schluss:
- Zukunftshoffnungen

Lila auf dem Mars

Lila und ihre Familie gehören nun zur „Generation Mars". Leider war es nicht mehr möglich, auf der Erde weiterzuleben, denn durch die Erderwärmung ist ihr Heimatort den andauernden Waldbränden und dem extremen Wassermangel zum Opfer gefallen. Also hatte die Familie beschlossen, ein neues Leben auf dem Mars zu beginnen. Doch wie sehr sich hier alles ändern würde, das hätten sie nie gedacht.
Eine sehr große Umstellung auf dem neuen Planeten ist die ständige Dunkelheit. Hier auf dem Mars gibt es kein echtes Sonnenlicht. Jede Familie hat einen Gutschein für zwei Stunden künstliches Sonnenlicht am Tag. Auf das freuen sich Lila und ihre Familie am meisten. Dann sitzen alle zusammen am Tisch und erzählen sich lustige Geschichten, die sie auf der Erde erlebt haben. Das ist Lilas Lieblingszeit.
Komplett anders ist auch die Schule: Die Kinder müssen nur einmal in der Woche in die Schule. Dort bekommen sie verschiedene Informationen in ihren Lernchip eingescannt, den sie unter der Haut tragen. Anschließend müssen sich die Kinder drei Stunden in ihr Klassenzimmer legen, sodass die Informationen vom Chip auf dem schnellsten Weg ins Gehirn gelangen und dort verarbeitet werden. Die Verarbeitung der Informationen ist sehr anstrengend und Lila bekommt davon meistens Kopfschmerzen. Aber nach drei Tagen kann sie das neue Wissen einsetzen und ist bereit für neue Informationen. Gewöhnungsbedürftig ist für die Familie auch, dass es nichts Frisches zu essen gibt. Die ganze „Generation Mars" bekommt das gleiche Essen von einem Lieferroboter zugestellt. Zwar ist das Essen lecker und günstig, aber es stammt aus dem Labor und die Lieferungen wiederholen sich alle zwei Wochen. Lila freut sich immer schon auf den Donnerstag. An diesem Tag gibt es Protein-Schnitzel mit Pommes aus der Fritteuse.
Lila vermisst das bunte Leben auf der Erde und hofft, dass sie eines Tages zurückkehren kann, doch bis dahin wird es noch viele Jahrzehnte dauern.

2. Beispiele für den Klimaschutz erläutern

Klimaschutz ist in aller Munde und geht wirklich jeden Menschen an. Viele sagen, dass sie mit ihrem Handeln nichts bewegen können. Aber das stimmt nicht. Jede/-r von uns kann etwas tun, um das Klima zu schützen, was im Folgenden dargelegt wird.
Zum einen kann jeder Mensch und jeder Haushalt auf Ökostrom umsteigen und so seinen Teil dazu beitragen, das Klima zu schützen. Ökostrom wird umweltschonend gewonnen und

wirkt sich positiv auf die CO_2-Konzentration in der Atmosphäre aus. Ein weiterer Punkt ist das Vermeiden von Plastik. Wenn jeder Mensch in seinem Leben Plastik reduziert, wirkt sich das positiv auf die Umweltverschmutzung, den Ressourcenverbrauch und somit auch auf das Klima aus.
Diese kleinen Änderungen in unserem Leben können bereits große Auswirkungen auf die Umwelt und unsere Zukunft haben, sodass man dies in sein tägliches Leben einbeziehen soll und muss.

3. Einleitungstext zum Thema „Teilen statt besitzen" verfassen

„Einmal gekauft, einmal benutzt und dann sofort weggelegt." So oder so ähnlich beschreiben wohl viele Schüler/-innen ihr Verhalten, nachdem sie sich etwas gekauft haben, aber es in Wirklichkeit oft gar nicht benötigen.
Aber was nun? Was kann man mit den Dingen machen? Eine Antwort hierzu kann unser neues Online-Projekt „Share with your neighbours – teilen statt besitzen" liefern.
Ich selbst bin mittlerweile auch ein Teil dieses Projekts und teile verschiedene Sachen, wie z. B. meinen neuen Rucksack. Diesen Rucksack habe ich für den letzten Wanderurlaub mit meiner Familie im Internet bestellt. In diesem Urlaub war er sehr nützlich für mich, aber seit ich wieder zu Hause bin, habe ich für diesen Rucksack eben keine Verwendung mehr. Und damit er nicht in meinem Schrank verrottet, leihe ich ihn gerne meinen Freunden und Freundinnen, die eine große Freude damit haben.
Diese Art der „Mehrfachverwendung" spart Ressourcen, Geld und Platz und hat einen Mehrwert für unsere Umwelt.
Auf diese positiven Aspekte des Projekts möchte ich weiter im Folgenden eingehen.
...

Deutsch-Musterprüfung II

Teil A Zuhören

1. Hörtext 1: Leben in der Patchworkfamilie

Kurzantworten nennen

(1) ▶ Ella
(2) ▶ dem Vater und Ella
(3) ▶ viel miteinander sprechen und klare Grenzen setzen
(4) ▶ ja

2. Hörtext 2: Gespräch über das „Zusammenleben verschiedener Kulturen"

Richtige Antworten ankreuzen

Aussage	Amira	Valentin	keiner
(1) Die Großeltern sind Russlanddeutsche.		x	
(2) Die Familie lebt in einem kulturellen Mix.	x		
(3) Der Rest der Familie lebt im Iran.			x
(4) Sie/Er möchte zu ihren/seinen Wurzeln reisen.		x	

3. Hörtext 3: Radiointerview zum Thema „Regenbogenfamilie"

Tabelle vervollständigen

Anlass und Gründe	Ablauf und Ziel
Familiensituation mit zwei Vätern	Kinder sind offen gegenüber Neuem
negative Erfahrungen aufgrund gleichgeschlechtlicher Elternrolle	*offen ins Gespräch gehen*
Aufgabe als Eltern	*Vermittlung von Toleranz und Verständnis für Mitmenschen*

Teil B Sprachgebrauch – Sprachbetrachtung

1. Sätze ergänzen

Verb	Die Neuzusammenstellung aus zwei Familien zu einer **nennt** man Patchworkfamilie.
Nomen	Eine Familie mit gleichgeschlechtlichem Elternpaar heißt **Regenbogenfamilie**.
Zahlwort (Numerale)	Eine interkulturelle Ehe besteht aus **zwei** Menschen verschiedener Konfessionen, Religionszugehörigkeiten oder Nationalitäten.
Adjektiv	Das Zusammenleben **verschiedener** Kulturen bereichert unseren Alltag.

2. Satz bilden

Klassische Familienmodelle sind durch moderne Varianten erweitert worden.

3. Sätze ergänzen

Der Großteil der Kinder in Deutschland wächst bei **den leiblichen** Eltern auf, die von mehr als der Hälfte auch als Erziehungsvorbilder **angesehen** werden.

4. Richtige Wortwahl ergänzen und ankreuzen

		Demonstrativ-pronomen **das**	Relativpronomen **das**	Artikel **das**	Konjunktion **dass**
a)	Toleranz bedeutet, **dass** man offen mit seinen Mitmenschen und deren Lebensform, Nationalität oder Religion umgeht.				x
b)	Wie das Zusammenleben mit anderen gestaltet wird, **das** sollte jede/-r selbst entscheiden dürfen.	x			

5. Satzglieder bestimmen

a) der Familienbegriff: Subjekt
b) von jeder/jedem: Dativobjekt

Teil B Sprachgebrauch – Rechtschreiben

1. Satz in korrekter Rechtschreibung aufschreiben

Kulturelle Vielfalt bereichert unseren Alltag, denn man kann viel voneinander lernen.

2. Korrekte Rechtschreibung und Zeichensetzung ankreuzen

☒ Toleranz, Akzeptanz und gegenseitige Wertschätzung sind wichtige Bausteine menschlichen Zusammenlebens.

3. Richtige Schreibweise einkreisen und mit Rechtschreibregel begründen

Das Zusammenleben mit anderen ist nicht immer leicht – egal, ob mit leiblicher oder *a)* *Wah**l**familie*. Aber Konflikte sind durchaus hilfreich, um wieder einen neuen Blick auf die Dinge zu bekommen. Das *b)* ***W**ichtigste* ist gegenseitiger Respekt und Toleranz, auch wenn es nicht immer die eigene Meinung ist, die sich am Ende durchsetzt.

a) Begründung: Ableitung von Wahl/wählen
b) Begründung: Substantivierung

4. Richtige Schreibweise eintragen und mit Rechtschreibregel begründen

	Hilfreiche Rechtschreibstrategie
bietet	Grundform beachten
Spezialitäten	Endung im Plural beachten

Teil C Lesen

Text: Scherben

1. a) Merkmale einer Kurzgeschichte nennen und belegen

- Unmittelbarer Beginn: Zeile 1
- Offenes Ende: Zeile 97 ff.
- Ich-Erzähler: Zeile 1

b) Aussage begründen

Der Titel passt mehrfach, weil der Spiegel in Scherben zerspringt, aber auch das Vertrauen der Protagonisten und deren Zuneigung zueinander.

2. Wirkung der Metapher erläutern

Durch die Metapher wird deutlich, dass der Junge neu anfangen möchte und die Spuren seiner Vergangenheit am liebsten ablegen will.

3. Mögliche Gedanken des Pfarrers aufschreiben

- Warum ist der Junge so gemein zu mir? Ich wollte ihm doch nur helfen! Hasst er mich wirklich so sehr?
- Der Junge meint das nicht so böse. Er hat nur Probleme, sich zu öffnen. Im Grunde ist er ein nettes Kind.

4. Aggressivität des Jungen erläutern

Der Junge wurde in der Vergangenheit körperlich misshandelt. Aus diesem Grund kam er in eine Pflegefamilie. Die körperliche Gewalt hat auch seelische Schäden bei dem Jungen hinterlassen. Er hat große Probleme, sich auf Menschen einzulassen und ihnen zu vertrauen. Er hat wahrscheinlich Angst, erneut verletzt und enttäuscht zu werden, sodass er eine Mauer um sich aufbaut, um sich selbst zu schützen.

5. Geschichte des Jungen aus Sicht der Pfarrerstochter zusammenfassen

Der Junge, der bei uns in das Zimmer meines Bruders gezogen ist, verhält sich fürchterlich. In seiner eigenen Familie wurde er wohl geschlagen, wahrscheinlich ist er deshalb immer so gemein zu uns. Ich glaube zwar, dass er das nicht wirklich böse meint, aber meine Familie und mich verletzt das sehr. Gestern zertrümmerte er z. B. den Spiegel im Badezimmer und verhöhnte meinen Vater und meinen toten Bruder.

6. a) Unterschiede in den Lebensformen der Jahre 1999 – 2019

Zwischen 1999 und 2019 stieg die Zahl von Alleinstehenden von 37,8 Millionen auf 44,4 Millionen. Dagegen sank im gleichen Zeitraum die Zahl von Ehepaaren mit Kindern von 26 Millionen auf 18,8 Millionen.

b) Weitere Lebensformen nennen

- Regenbogenfamilie
- Patchworkfamilie
- Adoptivfamilie

7. Prozentsätze zuordnen und Auswahl begründen

Diagramm 1: Verhältnis zu den Eltern: Da das Verhältnis vom Jungen zu den Eltern schlecht sein dürfte → 9 %

Diagramm 2: Eltern bleiben Erziehungsvorbilder: Die Eltern dürften für den Jungen keine Erziehungsvorbilder sein → 23 %

Teil D Schreiben

Aufgabengruppe I

1. Kurzgeschichte zum Thema „interkulturelles Zusammenleben" verfassen

Schreibplan:

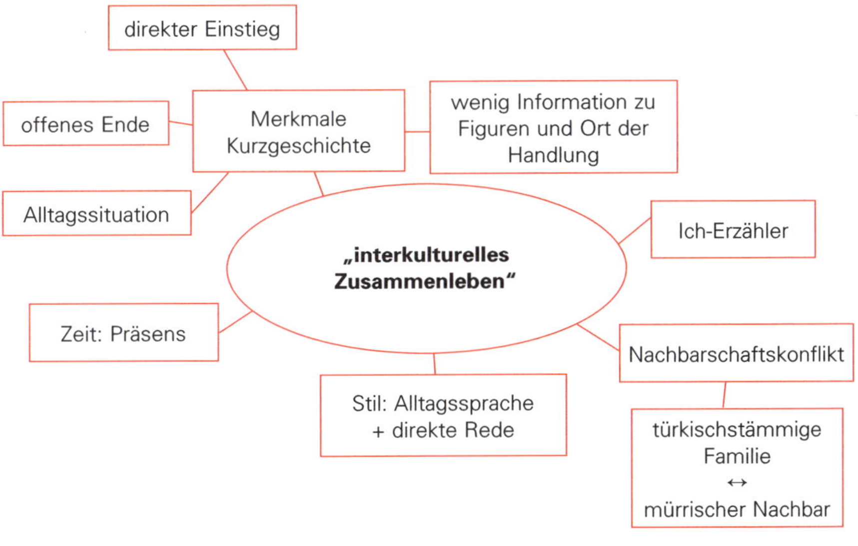

Auf gute Nachbarschaft
„Ding dong". „Ding dong, ding dong, ding dong". Die Türklingel schellt immer energischer. Sicher ist es meine Tante, die mit uns Bayram feiern will. Ich gehe zur Tür und da steht er: Er, der sich beschwert, wenn meine Mutter die leckersten Dinge kocht. Er, der uns nie mit mehr als einem Wort grüßt. Er, den ich noch nie lächeln gesehen habe. Unser Nachbar von nebenan. „Geht das auch ein bisschen leiser? Sonst rufe ich die Polizei!" Meine Mutter begegnet seiner finsteren Miene mit einem Lächeln, dreht sofort die Musik leiser und bittet ihn auf einen Çay zu uns herein. Er dreht sich wortlos um und knallt die Tür hinter sich zu. Ich bin sauer, denn die Stimmung ist nun im Eimer. Ich kann nicht verstehen, was er gegen uns hat, warum er nicht mal freundlich sein kann. Meine Mutter meint, er tue ihr leid, ich solle ihm einen Teller mit Baklava vorbeibringen. Widerwillig klopfe ich an die Tür. Als niemand öffnet, stelle ich den Teller auf den Absatz und schreibe eine Notiz dazu: „Entschuldigung für die Störung, lassen Sie es sich schmecken ☺." Als ich am nächsten Morgen vor die Tür trete, klebt der Zettel noch immer da. Die Baklava sind verschwunden.

2. Leserbrief zum Thema „Patchworkkinder" verfassen

Sehr geehrte Damen und Herren,

in einem Artikel Ihrer Zeitung bin ich auf folgende Aussage gestoßen: „Patchworkkinder sind offener gegenüber Andersartigkeiten und unterschiedlichen Familienmodellen". Dazu möchte ich Stellung beziehen.
Da ich selber in einer Patchworkfamilie groß geworden bin, kann ich diese Meinung nur unterstreichen und bekräftigen. Durch das Leben in solch einer Familie lernt man, unterschiedliche Meinungen zu akzeptieren und zuzulassen. Bei uns war es so, dass wir Kinder eine unterschiedliche Erziehung genossen hatten und somit ganz verschieden mit Regeln umgingen. Doch das Suchen nach Kompromissen und das Eingehen auf den anderen hat es uns ermöglicht, ein schönes und harmonisches Familienleben zu führen.
Auch haben wir durch das bunte Miteinander gelernt, auf andere Menschen einzugehen und andere Familienmodelle zu akzeptieren. Unsere Nachbarn im neuen Haus sind eine Regenbogenfamilie mit zwei Vätern. Zuerst war das ein wenig komisch für uns, doch durch die Akzeptanz und das Erlernen von Toleranz in meiner eigenen Familie war es für mich später selbstverständlich, die Regenbogenfamilie als normale und liebende Eltern zu erkennen.
Somit möchte ich noch einmal herausstellen, dass die obige Aussage nur zu bekräftigen ist.

Mit freundlichen Grüßen
Ein Leser

3. Artikel für die Schülerzeitung zum Thema „Zusammenleben mit anderen"

Religiöser Austausch kann helfen
Viele Leser/-innen werden sich denken: „Religiöser Austausch, was soll das sein?" Aus der letzten Shell-Jugendstudie geht hervor, dass für fast die Hälfte der Jugendlichen Religion und der Glaube an Gott nicht wichtig ist. In diesem Beitrag möchte ich meine persönliche Erfahrung mit religiösem Austausch schildern.
Als letztes Jahr mein Vater starb, war ich in einer tiefen Krise. Ich wusste nicht mehr, was zu tun war und wie ich mich aus diesem tiefen Tal herausholen konnte. Eine große Hilfe für mich war der religiöse Austausch in meiner Kirchengruppe. Hier waren viele Menschen, die sich

in ähnlichen Situationen wie meiner befunden haben. Gespräche mit diesen Menschen über Gott und die Ewigkeit des Lebens gaben mir viel Kraft. So war ich in der Lage, wieder positiv in die Zukunft zu blicken und die Trauer zu verarbeiten.
Für viele Menschen kann also Glaube und religiöser Austausch eine große Stütze sein. Für alle, die ebenfalls Hilfe suchen oder an einem Austausch interessiert sind, sind im Anschluss Kontaktstellen in der Nähe aufgeführt.

Aufgabengruppe II

1. Stellungnahme verfassen

Schreibplan:
A: Einleitung: Bezugnahme auf das Zitat
B: Hauptteil:
  a) Familienleben
  b) Sport
  c) Schule
C: Zusammenfassung: Rückbezug auf das Zitat

„Leben ist das, was du daraus machst." Das ist nicht nur ein bekanntes Zitat, sondern auch eine Lebenseinstellung von vielen jungen Menschen. Doch ist das wirklich so? Mit dieser Frage setze ich mich im Folgenden auseinander.
Generell möchte ich anmerken, dass das Zitat für mich eine große Bedeutung und einen enormen Einfluss auf meinen Alltag hat, worauf ich genauer eingehen möchte.
Der erste Punkt betrifft das Leben in der Familie. Jedes Familienleben ist bisweilen anstrengend und fordernd. Doch gibt es hier natürlich auch gute Zeiten. Wichtig ist, dass diese überwiegen und man Kraft aus der Familie ziehen kann. Eine Möglichkeit hierfür ist ein Tagebuch, in das man die schönen Momente hineinschreibt und somit sein Leben positiv steuert.
Darüber hinaus kann der Sport angeführt werden. Wie auch in der Familie gibt es positive und negative Aspekte. Aber gerade aus den Erfolgen muss man auch hier Kraft ziehen und sich weiter motivieren. Doch nicht nur aus Erfolgen kann man lernen, sondern auch aus Niederlagen. Ich nehme jede Niederlage als zusätzliche Erfahrung und Motivationsquelle, sodass ich meine Ziele Stück für Stück erreiche.
Schließlich möchte ich noch den Punkt „Schule" anführen. Auch hier gilt der Grundsatz „Leben ist das, was du daraus machst". Natürlich ist es so, dass viele Kinder und Jugendliche nicht gerne in die Schule gehen und nur widerwillig lernen. Doch wenn man das Ganze als große Chance ansieht, für das Leben und die Zukunft zu lernen, erhält man eine große Portion Motivation und Freude, die das Lernen und das Leben einfacher macht. Seit ich mit dieser Einstellung in die Schule gehe, sind meine Leistungen besser und auch das Lernen macht mir mehr Spaß.
Nachdem ich nun diese Argumente angeführt habe, bin ich sicher, dass das obige Zitat auch als Grundlage für das Verhalten von anderen Menschen angesehen werden kann.

2. Beitrag über die vielfältigen Formen des Zusammenlebens schreiben

Familie ist bunt

Früher zählte als Haushalt das „klassische Familienmodell" aus „Vater, Mutter und Kind". Doch in den letzten 20 Jahren haben sich die Formen des Zusammenlebens immer mehr verändert. Das Zusammenleben ist bunter geworden.

Generell ist zu sagen, dass es immer weniger „klassische" Familien mit Kindern gibt. Stattdessen stieg und steigt die Zahl von Alleinstehenden und Ehepaaren ohne Kinder immer stärker an. Ein wichtiger Grund hierfür ist die Tatsache, dass sich die Interessen von jungen Menschen verschieben, weil sie immer mehr Möglichkeiten für die persönliche Entfaltung haben. Die Gesellschaft ist offener, sodass sich mehr Menschen gegen Partnerschaft oder Kinder entscheiden.

So stieg in den letzten Jahren auch die Anzahl von Scheidungen. Viele Menschen suchen sich eine neue Partnerschaft, sodass etwa neue Patchworkfamilien entstehen. Der klassische Familienbegriff wird durch neue Formen des Zusammenlebens erweitert. Dazu gehören beispielsweise Regenbogenfamilien, Wohngemeinschaften, Adoptivfamilien und viele mehr. Jede Form ist etwas Besonderes. Familie ist so bunt wie das Leben selbst und im Wandel.

3. Fortsetzung der Geschichte schreiben

Dem Pfarrer standen Tränen im Gesicht. Er wusste nicht, wie er reagieren soll. Sollte er den Jungen wieder vor die Türe setzen und seine Trauer über den Verlust des Sohnes alleine schultern? Dem Pfarrer schossen alle möglichen Gedanken durch den Kopf. Aber er hörte auf sein Bauchgefühl und hob die Scherben auf. Anschließend legte er die Handtücher vorsichtig auf den Boden, um dem aggressiven Jugendlichen eine Brücke zu bauen. Der Pfarrer streckte die Hand aus und führte den Jungen aus dem Bad hinein in das Wohnzimmer, das warm und gemütlich aussah. Der Junge schaute dem Pfarrer ins Gesicht, grinste und nickte. Auch der Pfarrer nickte. Zusammen sahen sie aus dem Fenster und tranken dabei eine Tasse Tee. Von diesem Tag an tranken sie jeden Tag eine Tasse Tee vor dem Fenster, bis zu dem Zeitpunkt, als der Junge auszog, um sein eigenes Leben zu führen.

Heute trinken sie nur noch einmal in der Woche Tee, und zwar dann, wenn der Pfarrer seinen Enkel besucht, der den gleichen Namen trägt wie sein verstorbener Sohn.

1. Gleichungen – Umstellen von Formeln

Aufgabe 1

a)

$4x - (2x - 1) = -2\,(-2{,}5 + 15x)$	I ausklammern
$4x - 2x + 1 = 5 - 30x$	I zusammenfassen
$2x + 1 = 5 - 30x$	I – 2x
$1 = 5 - 32\,x$	I – 5
$-32x = -4$	I : (-32)
$x = \frac{1}{8} = 0{,}125$	

b)

$2{,}8 - 3 \cdot 2{,}6x + 12{,}1 - x = -6 \cdot 5{,}2 - 4{,}2x + 0{,}1$	I ausmultiplizieren
$2{,}8 - 7{,}8x + 12{,}1 - x = -31{,}2 - 4{,}2x + 0{,}1$	I zusammenfassen
$14{,}9 - 8{,}8x = -31{,}1 - 4{,}2x$	I + 31,1
$46 - 8{,}8x = -4{,}2x$	I + 8,8x
$46 = 4{,}6x$	I : 4,6
$x = 10$	

c)

$4\,(4x + 6) - 3\,(7x - 3) = -12$	I ausklammern
$16x + 24 - 21x + 9 = -12$	I zusammenfassen
$-5x + 33 = -12$	I – 33
$-5x = -45$	I : (-5)
$x = 9$	

d)

$1{,}5\,(4x - 8) = 40 - (26 - x)$	I ausklammern
$6x - 12 = 40 - 26 + x$	I zusammenfassen
$6x - 12 = 14 + x$	I + 12
$6x = 26 + x$	I – x
$5x = 26$	I : 5
$x = 5{,}2$	

e)

$2\,(4x - 2) - 2\,(1{,}5x - 1) = 6{,}5 - 1{,}5\,(11 - 6x)$	I ausklammern
$8x - 4 - 3x + 2 = 6{,}5 - 16{,}5 + 9x$	I zusammenfassen
$5x - 2 = -10 + 9x$	I – 5x
$-2 = -10 + 4x$	I + 10
$8 = 4x$	I : 4
$x = 2$	

f)

$4{,}5\,(12x + 14) + 8\,(10x - 6) + 78 = 7{,}5\,(18x + 26) - 3{,}5\,(12x - 6)$	I ausklammern
$54x + 63 + 80x - 48 + 78 = 135x + 195 - 42x + 21$	I zusammenfassen
$134x + 93 = 93x + 216$	I – 93x
$41x + 93 = 216$	I – 93
$41x = 123$	I : 41
$x = 3$	

g) $14 \cdot \left(1{,}5x + \frac{1}{4}\right) - 6 \cdot \left(4x - \frac{1}{3}\right) = 10 \cdot \left(2{,}5x + \frac{1}{8}\right) - 2{,}75$ | ausklammern

$21x + 3{,}5 - 24x + 2 = 25x + 1{,}25 - 2{,}75$ | zusammenfassen

$-3x + 5{,}5 = 25x - 1{,}5$ | + 3x

$5{,}5 = 28x - 1{,}5$ | + 1,5

$7 = 28x$ | : 28

$x = 0{,}25$

h) $7\,(x + 3) - 2\,(4x - 3) = -4\,(3x - 9) + (-10x + 2) : (-2)$ | ausklammern

$7x + 21 - 8x + 6 = -12x + 36 + 5x - 1$ | zusammenfassen

$-x + 27 = -7x + 35$ | + 7x

$6x + 27 = 35$ | – 27

$6x = 8$ | : 6

$x = 1\frac{1}{3}$

Aufgabe 2

a) $\frac{3 \cdot (x - 4)}{5} + \frac{7 \cdot (6 - 2x)}{10} = \frac{5 \cdot (-3x + 1)}{2} + 6$

mit dem HN = 10 multiplizieren

$\frac{10 \cdot 3\,(x - 4)}{5} + \frac{10 \cdot 7\,(6 - 2x)}{10} = \frac{10 \cdot 5\,(-3x + 1)}{2} + 10 \cdot 6$

kürzen

$6\,(x - 4) + 7\,(6 - 2x) = 25\,(-3x + 1) + 60$

Klammern auflösen

$6x - 24 + 42 - 14x = -75x + 25 + 60$

zusammenfassen

$-8x + 18 = -75x + 85$ | + 75x

$67x + 18 = 85$ | – 18

$67x = 67$ | : 67

$x = 1$

b) $\frac{14x - 12}{3} - \frac{5\,(x - 5)}{6} - 3 = \frac{x - 1}{2} - \frac{1{,}5\,(18x + 60)}{4}$

mit dem HN = 12 multiplizieren

$\frac{12\,(14x - 12)}{3} - \frac{12 \cdot 5\,(x - 5)}{6} - 3 \cdot 12 = \frac{12\,(x - 1)}{2} - \frac{12 \cdot 1{,}5\,(18x + 60)}{4}$

kürzen

$4\,(14x - 12) - 10\,(x - 5) - 36 = 6\,(x - 1) - 4{,}5\,(18x + 60)$

Klammern auflösen

$56x - 48 - 10x + 50 - 36 = 6x - 6 - 81x - 270$

$46x - 34 = -75x - 276$ | + 75x

$121x - 34 = -276$ | + 34

$121x = -242$ | : 121

$x = -2$

c) $\frac{24x + 2}{10} + \frac{90}{45} = \frac{13x - 4}{7} + \frac{4}{70}$ | zusammenfassen (auf den Nenner achten)

$\frac{12x + 1}{5} + \frac{10}{5} = \frac{13x - 4}{7} + \frac{0,4}{7}$

$\frac{12x + 11}{5} = \frac{13x - 3,6}{7}$ | HN (35)

$\frac{35\,(12x + 11)}{5} = \frac{35\,(13x - 3,6)}{7}$ | kürzen

$7\,(12x + 11) = 5\,(13x - 3,6)$ | ausklammern

$84x + 77 = 65x - 18$ | – 65x

$19x + 77 = -18$ | – 77

$19x = 95$ | : 19

$x = 5$

d) $2\,(4x + 12) - \frac{2\,(20x - 1)}{5} = 42 - 4\left(\frac{1}{2}x + 2\right) - \frac{10}{16}$ | ausklammern

$8x + 24 - \frac{(40x - 2)}{5} = 42 - 2x - 8 - \frac{10}{16}$

$8x + 24 - 8x + 0,4 = 42 - 2x - 8 - 0,625$ | zusammenfassen

$24,4 = 33,375 - 2x$ | – 33,375

$-8,975 = -2x$ | : (-2)

$x = 4,4875$

Aufgabe 3

a) $x \cdot 5 + 4 = 44$ | – 4

$5x = 40$ | : 5

$x = 8$

Die gesuchte Zahl ist 8.

b) $(0,5x + 2) \cdot 8 = 50$ | ausklammern

$4x + 16 = 50$ | – 16

$4x = 34$ | : 4

$x = 8,5$

Die gesuchte Zahl ist 8,5.

c) $2\,(3x + 4) - 2\,(x + 4) = 0$ | ausklammern

$6x + 8 - 2x - 8 = 0$ | zusammenfassen

$4x = 0$ | : 4

Die gesuchte Zahl ist 0.

Aufgabe 4

a) Henry: 4x Oskar: x

$4x + x = 50$ | zusammenfassen

$5x = 50$ | : 5

$x = 10$

Henry: 40 Autogrammkarten
Oskar: 10 Autogrammkarten

b) Rot: x Grün: 2x Blau: 2(x + 2x)

$x + 2x + 2(x + 2x) = 270$

$x + 2x + 2x + 4x = 270$ | zusammenfassen

$9x = 270$ | : 9

$x = 30$

Rot: 30 Bälle
Grün: 60 Bälle
Blau: 180 Bälle

c) Senna: x Julia: 1,5x Miraj: 0,5x

$x + 1{,}5x + 0{,}5x = 90\,000$ | zusammenfassen

$3x = 90\,000$ | : 3

$x = 30\,000$

Senna: 30 000
Julia: 45 000
Miraj: 15 000

Aufgabe 5

a) $a + a + a = u$

$a = 3$ cm

$u = 3\text{ cm} + 3\text{ cm} + 3\text{ cm} = 9\text{ cm}$

b) $A = 0{,}5 \cdot g \cdot h$

$h = 3$ cm; $g = 2 \cdot 3$ cm

$A = 0{,}5 \cdot 2 \cdot 3\text{ cm} \cdot 3\text{ cm}$

$A = 9\text{ cm}^2$

c) $A = \left(\frac{a + c}{2}\right) \cdot h$

$A = 32\text{ cm}^2$; $h = 8$ cm; $a = 6$ cm

$32\text{ cm}^2 = \left(\frac{6\text{ cm} + c}{2}\right) \cdot 8\text{ cm}$ | : 8 cm

$4\text{ cm} = \left(\frac{6\text{ cm} + c}{2}\right)$

$4\text{ cm} = 3\text{ cm} + 0{,}5\,c$ | – 3 cm

$1\text{ cm} = 0{,}5\,c$ | · 2

$c = 2\text{ cm}$

Aufgabe 6

a)
$$A = \frac{1}{2} e \cdot f \quad | \cdot 2$$
$$2 \cdot A = e \cdot f \quad | : f$$
$$e = \frac{2 \cdot A}{f}$$

b)
$$V = \frac{1}{3} r^2 \pi \cdot h \quad | \cdot 3$$
$$3 \cdot V = r^2 \pi \cdot h \quad | : (r^2 \pi)$$
$$h = \frac{3 \cdot V}{r^2 \pi}$$

$$V = \frac{1}{3} r^2 \pi \cdot h \quad | \cdot 3$$
$$3 \cdot V = r^2 \pi \cdot h \quad | : (\pi h)$$
$$\frac{3 \cdot V}{\pi h} = r^2 \quad | \sqrt{}$$
$$r = \sqrt{\frac{3 \cdot V}{\pi h}}$$

c)
$$A = \frac{(a + c)}{2} \cdot h \quad | \cdot 2$$
$$2 \cdot A = (a + c) \cdot h \quad | : (a + c)$$
$$h = \frac{2 \cdot A}{(a + c)}$$

$$A = \frac{(a + c)}{2} \cdot h \quad | \cdot 2$$
$$2 \cdot A = (a + c) \cdot h \quad | : h$$
$$\frac{2 \cdot A}{h} = a + c \quad | - a$$
$$c = \frac{2 \cdot A}{h} - a$$

d)
$$Z = \frac{K \cdot p \cdot t}{100 \cdot 360} \quad | \cdot (100 \cdot 360)$$
$$100 \cdot 360 \cdot Z = K \cdot p \cdot t \quad | : (p \cdot t)$$
$$K = \frac{360 \cdot 100 \cdot Z}{p \cdot t}$$

e)
$$A = \frac{\alpha}{360°} r^2 \cdot \pi \quad | \cdot 360°$$
$$360° \cdot A = \alpha \cdot r^2 \cdot \pi \quad | : (r^2 \pi)$$
$$\alpha = \frac{360° \cdot A}{r^2 \cdot \pi}$$

$$A = \frac{\alpha}{360°} r^2 \cdot \pi \quad | \cdot 360°$$
$$360° \cdot A = \alpha \cdot r^2 \cdot \pi \quad | : (\alpha \cdot \pi)$$
$$r^2 = \frac{360° \cdot A}{\alpha \cdot \pi} \quad | \sqrt{}$$
$$r = \sqrt{\frac{360° \cdot A}{\alpha \cdot \pi}}$$

f)
$$K_n = K_0 \left(1 + \frac{p}{100}\right)^3 \quad | : K_0$$
$$\frac{K_n}{K_0} = \left(1 + \frac{p}{100}\right)^3 \quad | \sqrt[3]{}$$
$$\sqrt[3]{\frac{K_n}{K_0}} = 1 + \frac{p}{100} \quad | - 1$$
$$\sqrt[3]{\frac{K_n}{K_0}} - 1 = \frac{p}{100} \quad | \cdot 100$$
$$p = \left(\sqrt[3]{\frac{K_n}{K_0}} - 1\right) \cdot 100$$
$$p = 100 \cdot \sqrt[3]{\frac{K_n}{K_0}} - 100$$

2. Prozent- und Promillerechnung

Aufgabe 1

a) $PW = \frac{GW \cdot p}{100}$ ⇒ $PW = \frac{240\,€ \cdot 2{,}5}{100}$

$PW = 6\,€$

b) $p = \frac{PW \cdot 100}{GW}$ ⇒ $p = \frac{120\,l \cdot 100}{800\,l}$

$p = 15$

c) $GW = \frac{PW \cdot 100}{p}$ ⇒ $GW = \frac{45\,m^2 \cdot 100}{3}$

$GW = 1500\,m^2$

Aufgabe 2

1. Schritt:
Berechnung des Preises bei Einzelkauf:

Stifte: 15 · 0,35 € = 5,25 €
Hefte: 12 · 0,60 € = 7,20 €
12,45 € bei Einzelkauf

2. Schritt:
Berechnung des Preises bei Kauf „im Pack“:

Stifte:
12 % Nachlass ⇒
88 % Verkaufspreis

100 % ≙ 5,25 €

$88\ \% \triangleq \frac{5{,}25 \cdot 88}{100}\,€$

= 4,62 €

Hefte:
8 % Nachlass ⇒
92 % Verkaufspreis

100 % ≙ 7,20 €

$92\ \% \triangleq \frac{7{,}20 \cdot 92}{100}\,€$

= 6,62 €

4,62 € + 6,62 € = 11,24 €

3. Schritt:
Berechnung der Ersparnis:

12,45 € – 11,24 € = 1,21 €

Sophia kann beim Kauf „im Pack“ 1,21 € sparen.

Aufgabe 3

1. Schritt:
Berechnung des Nettopreises:

I. Möglichkeit

$$119\,\% \triangleq 21\,500\,€ \quad (:119)$$
$$1\,\% \triangleq \frac{21\,500}{119}\,€ \quad (\cdot 100)$$
$$100\,\% \triangleq \frac{21\,500 \cdot 100}{119}\,€$$
$$= 18\,067{,}23\,€$$

II. Möglichkeit

$$GW = \frac{PW \cdot 100}{119}$$
$$GW = \frac{21\,500\,€ \cdot 100}{119}$$
$$GW = 18\,067{,}23\,€$$

2. Schritt:
Berechnung des Verlustes:

I. Möglichkeit

Weil der Verlust 12 % beträgt, entspricht der Betrag von 18 067,23 € nur 88 % des ursprünglichen Preises.

$$88\,\% \triangleq 18\,067{,}23\,€$$
$$100\,\% \triangleq \frac{18\,067{,}23 \cdot 100}{88}\,€$$
$$= 20\,530{,}94\,€$$

Verlust: 20 530,94 € – 18 067,23 € = 2463,71 €

II. Möglichkeit

Man kann den Verlustbetrag auch direkt berechnen:

$$88\,\% \triangleq 18\,067{,}23\,€$$
$$12\,\% \triangleq \frac{18\,067{,}23\,€ \cdot 12}{88}$$
$$= 2463{,}71\,€$$

Der Autohändler hat einen Verlust von 2463,71 €.

Aufgabe 4

I. Möglichkeit

Berechnung des Jahresbeitrags bei der Versicherung A:

$$\begin{aligned} 1000\,‰ &\triangleq 50\,000\,€ \\ {:1000} \quad 1\,‰ &\triangleq \frac{50\,000\,€}{1000} \quad {:1000} \\ \cdot 0{,}06 \quad 0{,}06\,‰ &= \frac{50\,000\,€ \cdot 0{,}06}{1000} \quad \cdot 0{,}06 \\ &= 3\,€ \text{ monatlich} \end{aligned}$$

Im Jahr: $12 \cdot 3\,€ = 36\,€$

Versicherung A ist 4 € preiswerter als Versicherung B.

II. Möglichkeit

Berechnung des monatlichen Promillesatzes bei Versicherung B:

$$\begin{aligned} 50\,000\,€ &\triangleq 1000\,‰ \\ {:50{,}000} \quad 1\,€ &\triangleq \frac{1000\,‰}{50\,000} \quad {:50\,000} \\ \cdot 3{,}33 \quad 3{,}33\,€ &\triangleq \frac{1000\,‰ \cdot 3{,}33}{50\,000} \quad \cdot 3{,}33 \\ &= 0{,}0666\,‰ \end{aligned}$$

$40\,€ : 12 = 3{,}33\,€$

$0{,}06\,‰ < 0{,}0666\,‰$

Der monatliche Promillesatz bei Versicherung A ist niedriger als bei Versicherung B.
⇒ Herr Müller wird sich für die Versicherung A entscheiden.

Aufgabe 5

1. Schritt:
Berechnung des Gesamtpreises bei Händler A:

$30\,\%$ von $7250\,€ = \frac{30}{100} \cdot 7250\,€ = 2175\,€$

18 Monatsraten zu je 300 € = $18 \cdot 300\,€ = 5400\,€$

Gesamtkosten Händler A:

$$\begin{array}{r} 2175\,€ \\ +\ 5400\,€ \\ \hline 7575\,€ \end{array}$$

2. Schritt:
Berechnung des Gesamtpreises bei Händler B:

$40\,\%$ von $7250\,€ = \frac{40}{100} \cdot 7250\,€ = 2900\,€$

24 Monatsraten zu je 190 € = $24 \cdot 190\,€ = 4560\,€$

Gesamtkosten Händler B:

$$\begin{array}{r} 2900\,€ \\ +\ 4560\,€ \\ \hline 7460\,€ \end{array}$$

3. Schritt:
Berechnung der Preisdifferenz:

7575 € – 7460 € = 115 €

Noah wird sich für den Händler B entscheiden, weil das Angebot 115 € preiswerter ist.

Aufgabe 6

Man muss schrittweise rückwärts rechnen, wobei stets der neue Grundwert berechnet wird.

$119\ \% \triangleq 420\ €$ (Endpreis)

$100\ \% \triangleq \frac{420\ € \cdot 100}{119} = 352{,}94\ €$ (Nettoverkaufspreis)

$122\ \% \triangleq 352{,}94\ €$

$100\ \% \triangleq \frac{352{,}94\ € \cdot 100}{122} = 289{,}30\ €$ (Selbstkostenpreis)

$112\ \% \triangleq 289{,}30\ €$

$100\ \% \triangleq \frac{289{,}30\ € \cdot 100}{112} = 258{,}30\ €$ (Einkaufspreis)

Der Einkaufspreis beträgt 258,30 €.

Probe
258,30 € + 12 % = 289,30 €
289,30 € + 22 % = 352,95 €
352,95 € + 19 % = 420,01 €

3. Zinsrechnung

Aufgabe 1

a) $Z = \frac{K \cdot p \cdot m}{100 \cdot 12}$ ⇒ $Z = \frac{4000\ € \cdot 2{,}8 \cdot 4}{100 \cdot 12}$

$Z = 37{,}33\ €$

b) $Z = \frac{K \cdot p \cdot n}{100}$ ⇒ $Z = \frac{12\,500\ € \cdot 3{,}2 \cdot 1}{100}$

$Z = 400\ €$

c) $Z = \frac{K \cdot p \cdot t}{100 \cdot 360}$ ⇒ $Z = \frac{8600\ € \cdot 3{,}5 \cdot 178}{100 \cdot 360}$

$Z = 148{,}83\ €$

Aufgabe 2

Die Zinsformel muss umgestellt werden.

$$Z = \frac{K \cdot p \cdot m}{100 \cdot 12} \qquad | \cdot (100 \cdot 12)$$

$$Z \cdot 100 \cdot 12 = K \cdot p \cdot m \qquad | : (p \cdot m)$$

$$K = \frac{Z \cdot 100 \cdot 12}{p \cdot m}$$

$$K = \frac{98\,€ \cdot 100 \cdot 12}{3 \cdot 8}$$

$$K = 4900\,€$$

Herr Kaiser hat ein Kapital von 4900 €.

Aufgabe 3

Die Zinsformel muss umgestellt werden.

$$Z = \frac{K \cdot p \cdot t}{100 \cdot 360} \qquad | \cdot (100 \cdot 360)$$

$$Z \cdot 100 \cdot 360 = K \cdot p \cdot t \qquad | : (K \cdot t)$$

$$p = \frac{Z \cdot 100 \cdot 360}{K \cdot t}$$

$$p = \frac{320\,€ \cdot 100 \cdot 360}{40\,000\,€ \cdot 120}$$

$$p = 2{,}4$$

Familie Glück erhielt 2,4 % Zinsen.

Aufgabe 4

I. Möglichkeit (schrittweise berechnen)

$p = 3 \quad \Rightarrow \quad q = 1{,}03$
$K_1 = 5000\,€ \cdot 1{,}03 = 5150\,€$
$K_2 = 5150\,€ \cdot 1{,}03 = 5304{,}50\,€$
$K_3 = 5304{,}50\,€ \cdot 1{,}03 = 5463{,}64\,€$
$K_4 = 5463{,}64\,€ \cdot 1{,}03 = 5627{,}55\,€$
$K_5 = 5627{,}55\,€ \cdot 1{,}03 = 5796{,}38\,€$

II. Möglichkeit (Berechnung in einem Schritt)

$n = 5, \quad q = 1{,}03, \quad K_0 = 5000\,€$

Formel: $K_n = K_0 \cdot q^n$

$\Rightarrow \; K_5 = 5000\,€ \cdot 1{,}03^5$
$K_5 = 5796{,}37\,€$

Nach 5 Jahren sind 5796,37 € auf dem Konto.

Aufgabe 5

1. Schritt:
Berechnung des Kreditbetrages:

$\frac{3}{8}$ von 40 000 € = 15 000 €

2. Schritt:
Berechnung der Kosten des Angebotes A:

I. Möglichkeit (mit dem Taschenrechner)

8,1 % von 15 000 € = 1215 €

II. Möglichkeit (mit der Formel)

$Z = \frac{15\,000\text{ €} \cdot 8{,}1 \cdot 1}{100}$

Z = 1215 €

III. Möglichkeit (mit dem Dreisatz)

$$\begin{aligned} 100\ \% &\triangleq 15\,000\text{ €} \quad &(:100)\\ 1\ \% &\triangleq \frac{15\,000}{100}\text{ €} = 150\text{ €} \quad &(\cdot 8{,}1)\\ 8{,}1\ \% &\triangleq 150\text{ €} \cdot 8{,}1 = 1215\text{ €} \end{aligned}$$

Kosten:

Bearbeitungsgebühr:	90 €
Darlehenszinsen	+ 1215 €
	1
	1305 €

3. Schritt:
Berechnung der Kosten des Angebotes B:

Zinsen $Z = \frac{15\,000\text{ €} \cdot 8}{100}$

Z = 1200 €

Bearbeitungsgebühr 0,8 % von 15 000 € = 120 €

	1200 €
	+ 120 €
Kosten:	1320 €

4. Schritt:
Kostenvergleich: 1320 € – 1305 € = 15 €

Das Angebot A ist 15 € billiger.

Aufgabe 6

Kreditbetrag: 22 000 € ①

Berechnung der Bearbeitungsgebühr:
2 % von 22 000 € = 440 € ②

durch direkte Taschenrechnereingabe

Berechnung der monatlichen Zinsen:
0,55 % von 22 000 € = 121 €

Berechnung der Zinsen für 48 Monate:
48 · 121 € = 5808 € ③

Berechnung der Monatsrate:

$$\text{Monatsrate} = \frac{\overset{①}{22\,000\ €} + \overset{②}{440\ €} + \overset{③}{5808\ €}}{48}$$

Monatsrate = 588,50 €

Familie Wolf muss monatlich 588,50 € bezahlen.

4. Potenzen

Aufgabe 1

a) 1 980 000 000

b) 899 000 000 000

c) 1 344 500 000

d) 0,00000977

e) 0,000000000002331

Aufgabe 2

a) $9{,}1 \cdot 10^5$

b) $4{,}3 \cdot 10^7$

c) $7{,}4 \cdot 10^{14}$

d) $2 \cdot 10^{-2}$

e) $8{,}1 \cdot 10^{-5}$

f) $4{,}31 \cdot 10^{-16}$

Aufgabe 3

Du musst überlegen, wie oft die 64 GB in die 2 TB hineingehen. Um dies zu berechnen, bietet es sich an, alle Einheiten in Byte umzuwandeln.

$64\ \text{GB} = 64 \cdot 10^9\ \text{B} = 6{,}4 \cdot 10^{10}\ \text{B}$
$2\ \text{TB} = 2 \cdot 10^{12}\ \text{B}$

Rechnung:
$2 \cdot 10^{12}\ \text{B} : 6{,}4 \cdot 10^{10}\ \text{B} = (2 : 6{,}4) \cdot 10^{12-10}\ \text{B} = 0{,}3125 \cdot 10^2\ \text{B} = 31{,}25$

Dana benötigt 32 USB-Sticks, um die gleiche Speicherkapazität zu haben.

Aufgabe 4

a) $1{,}412 \cdot 10^{18}\ \text{km}^3 = 1{,}412 \cdot 10^{27}\ \text{m}^3$
$1{,}99 \cdot 10^{27}\ \text{t} = 1{,}99 \cdot 10^{33}\ \text{g}$
$6{,}09 \cdot 10^{12}\ \text{km}^2 = 6{,}09 \cdot 10^{18}\ \text{cm}^2$

b) Um diese Aussage zu überprüfen, muss man das Volumen der Sonne durch das Volumen der Erde dividieren. Dadurch, dass hier bereits die gleichen Einheiten angegeben sind, kann man wie folgt rechnen:
$1{,}412 \cdot 10^{18}\ \text{km}^3 : 1{,}085 \cdot 10^{12}\ \text{km}^3 = 1\,301\,382{,}488$

Mit seiner Aussage hat Malik daher nicht recht.

c) Hier musst du mit der Umkehraufgabe rechnen.
$6{,}09 \cdot 10^{12}\ km^2 \cdot 160\,263 = 9{,}76 \cdot 10^{17}\ km^2$

Die Oberfläche des Mondes beträgt etwa $9{,}76 \cdot 10^{17}\ km^2$.

Aufgabe 5

a) Um die Gesamtmasse eines Wassermoleküls zu berechnen, gehst du wie folgt vor:
2 · Masse Wasserstoffatom + 1 · Masse Sauerstoffatom
$2 \cdot 1{,}67 \cdot 10^{-29}\ kg + 1 \cdot 2{,}65 \cdot 10^{-26}\ kg = 2{,}65334 \cdot 10^{-26}\ kg$

b) Hier musst du rechnen, wie viele Wasserstoffatome in 1 kg hineinpassen:
$1\ kg : 1{,}67 \cdot 10^{-29}\ kg = 5{,}99 \cdot 10^{28}$

Aufgabe 6

Vorüberlegungen:
Der Temperaturunterschied von +40 °C zu -15 °C beträgt 55 °C.
Pro Grad und pro Meter wird die Brücke um $1{,}2 \cdot 10^{-5}$ m länger.
Die Brücke ist 2000 m lang.

$2000 \cdot 1{,}2 \cdot 10^{-5} \cdot 55 = 1{,}32\ m = 132\ cm$

Aufgabe 7

Als Vorüberlegung musst du die gleiche Einheit erhalten:
$1\ mm^3 = 1\ ml$; $1\,000\,000\ ml = 10^6\ ml = 1\ l \Rightarrow$ Somit ist die Umrechnungszahl 10^6.
$5 \cdot 10^6 \cdot 10^6 = 5 \cdot 10^{6+6} = 5 \cdot 10^{12} \Rightarrow$ In 1 l Blut sind $5 \cdot 10^{12}$ Blutkörperchen.

a) $5{,}2 \cdot 5 \cdot 10^{12} - 2{,}8 \cdot 5 \cdot 10^{12} = 2{,}4 \cdot 5 \cdot 10^{12} = 12 \cdot 10^{12}$

b) Der Mann und das Mädchen haben zusammen:
$5{,}2 \cdot 5 \cdot 10^{12} + 2{,}8 \cdot 5 \cdot 10^{12} = 8 \cdot 5 \cdot 10^{12} = 40 \cdot 10^{12}$ Blutkörperchen
Nun multiplizierst du die Anzahl der Blutkörperchen mit dem Durchmesser eines Blutkörperchens:
$40 \cdot 10^{12} \cdot 7 \cdot 10^{-3}\ mm = 280 \cdot 10^{12-3}\ mm = 28 \cdot 10^{10}\ mm = 28 \cdot 10^4\ km$

c) In einem Jahr (ca. 365 Tage) muss die Gesamtzahl der roten Blutkörperchen dreimal erneuert werden, weshalb du die Gesamtzahl der roten Blutkörperchen mit Drei multiplizieren musst:
$2{,}8 \cdot 5 \cdot 10^{12} \cdot 3 = 42 \cdot 10^{12}$

5. Berechnungen an Flächen

Aufgabe 1

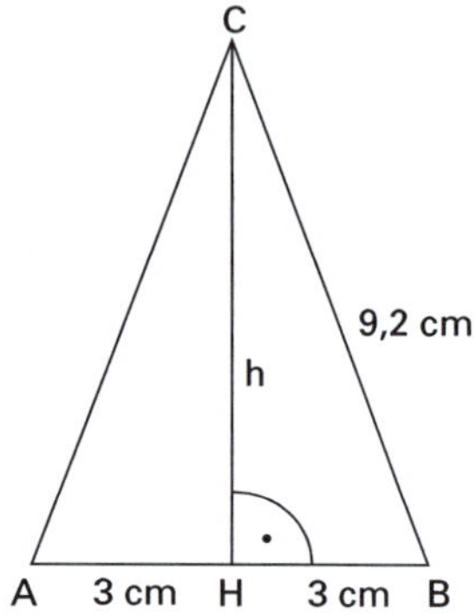

1. Schritt:
Berechnung der Länge der Höhe h. Der Höhenfußpunkt H liegt in der Mitte der Strecke [AB].
$\Rightarrow \overline{AH} = \overline{BH} = 3$ cm

Die Höhe h wird mit dem Satz des Pythagoras berechnet.

$$a^2 + b^2 = c^2$$

$$h^2 + (3\text{ cm})^2 = (9{,}2\text{ cm})^2 \quad | -(3\text{ cm})^2$$
$$h^2 = (9{,}2\text{ cm})^2 - (3\text{ cm})^2$$
$$h^2 = 75{,}64\text{ cm}^2 \quad | \sqrt{\ }$$
$$h = 8{,}7\text{ cm}$$

2. Schritt:
Berechnung des Flächeninhalts:

$$A = \frac{1}{2} g \cdot h$$

$g = 6$ cm, $h = 8{,}7$ cm $\quad\Rightarrow\quad A = \frac{1}{2} \cdot 6\text{ cm} \cdot 8{,}7\text{ cm}$

$$A = 26{,}1\text{ cm}^2$$

Aufgabe 2

Die Figur setzt sich aus einem Rechteck und einem Dreieck zusammen, abzüglich eines Halbkreises.

Gesamtansatz: $A = A_R + A_\triangle - A_{Halbkreis}$

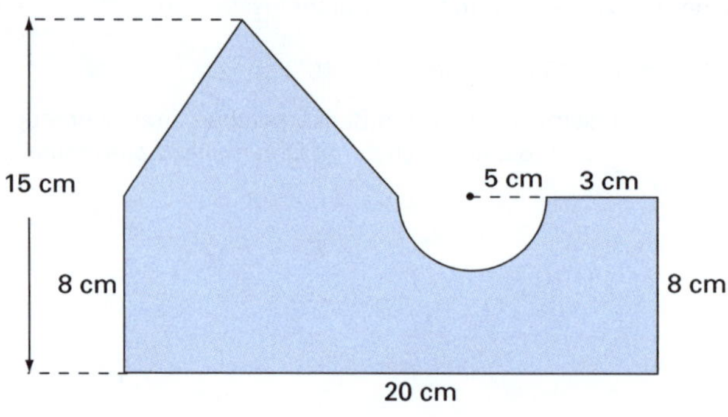

1. Schritt:
Berechnung des Flächeninhalts des Rechtecks:

$$A_R = a \cdot b$$

$A_R = 20\ \text{cm} \cdot 8\ \text{cm}$
$A_R = 160\ \text{cm}^2$

2. Schritt:
Berechnung des Flächeninhalts des Dreiecks:

$$A_\Delta = \frac{1}{2} \cdot g \cdot h$$

$A_\Delta = \frac{1}{2} \cdot 7\ \text{cm} \cdot 7\ \text{cm}$

$A_\Delta = 24{,}5\ \text{cm}^2$

Berechnung von g:
$g = 20\ \text{cm} - 3\ \text{cm} - 2 \cdot 5\ \text{cm}$
$g = 7\ \text{cm}$

Berechnung von h:
$h = 15\ \text{cm} - 8\ \text{cm}$
$h = 7\ \text{cm}$

3. Schritt:
Berechnung des Flächeninhalts des Halbkreises:

$$A_{HK} = \frac{1}{2} \cdot r^2 \cdot \pi$$

$A_{HK} = \frac{1}{2} \cdot (5\ \text{cm})^2 \cdot \pi$

$A_{HK} = 39{,}27\ \text{cm}^2$

4. Schritt:
Berechnung des Flächeninhalts der Gesamtfigur:

$A = 160\ \text{cm}^2 + 24{,}5\ \text{cm}^2 - 39{,}27\ \text{cm}^2$
$A = 145{,}23\ \text{cm}^2$

Die Figur hat einen Flächeninhalt von $145{,}23\ \text{cm}^2$.

Aufgabe 3

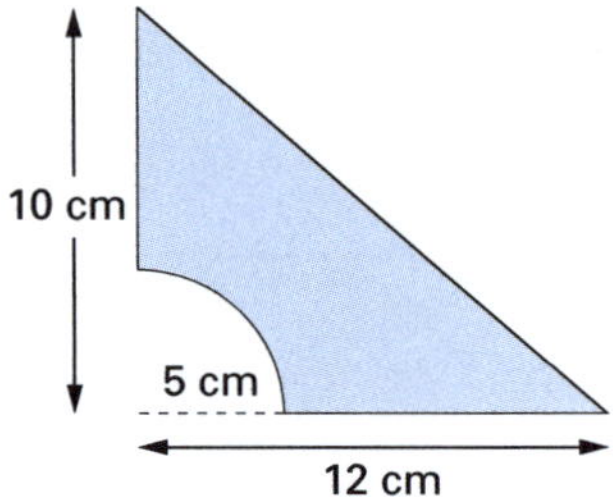

Berechnung des Flächeninhalts:

Gesamtansatz: $A = A_{Dreieck} - A_{Viertelkreis}$
$A = A_{\Delta} - A_{VK}$

1. Schritt:
Berechnung von A_{Δ}:

Das Dreieck ist rechtwinklig, also können die beiden Katheten als Grundlinie g und Höhe h betrachtet werden.

$A = \frac{1}{2} \cdot g \cdot h$

$A = \frac{1}{2} \cdot 12\text{ cm} \cdot 10\text{ cm}$

$A = 60\text{ cm}^2$

2. Schritt:
Berechnung von A_{VK}:

$A_{VK} = \frac{1}{4} \cdot r^2 \cdot \pi$

$r = 5\text{ cm} \quad \Rightarrow \quad A_{VK} = \frac{1}{4}(5\text{ cm})^2\,\pi$

$A_{VK} = 19{,}63\text{ cm}^2$

3. Schritt:
Berechnung des Flächeninhalts A:

$A = 60\text{ cm}^2 - 19{,}63\text{ cm}^2$
$A = 40{,}37\text{ cm}^2$

Die Figur hat einen Flächeninhalt von $40{,}37\text{ cm}^2$.

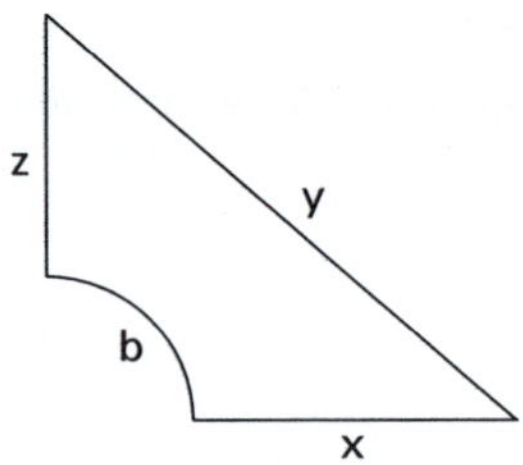

Berechnung des Umfangs u:
Der Umfang u ist die Summe der Begrenzungslinien.
$u = x + y + z + b$

y wird mit dem Satz des Pythagoras berechnet.

$y^2 = (12\text{ cm})^2 + (10\text{ cm})^2$
$y^2 = 244\text{ cm}^2 \quad | \sqrt{}$
$y = 15{,}62\text{ cm}$

$x = 12\text{ cm} - 5\text{ cm}$ $\quad$ $z = 10\text{ cm} - 5\text{ cm}$
$x = 7\text{ cm}$ $\quad$ $z = 5\text{ cm}$

b ist die Bogenlänge eines Viertelkreises (4. Teil des Kreisumfangs $u = 2\,r\pi$).

$\Rightarrow \quad b = \frac{1}{4} \cdot 2\,r\pi$

$b = \frac{1}{4} \cdot 2 \cdot 5\text{ cm} \cdot \pi$

$b = 7{,}85\text{ cm}$

$u = 7\text{ cm} + 15{,}62\text{ cm} + 5\text{ cm} + 7{,}85\text{ cm}$
$u = 35{,}47\text{ cm}$

Der Umfang der Figur beträgt 35,47 cm.

Aufgabe 4

1. Schritt:
Berechnung des Flächeninhalts von Feld A:
Dazu muss die Länge der zweiten Kathete mit dem Satz des Pythagoras berechnet werden.

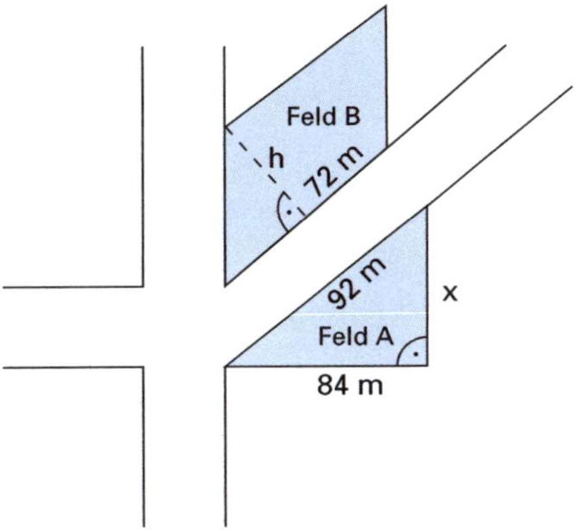

$x^2 + (84\text{ m})^2 = (92\text{ m})^2 \qquad | - (84\text{ m})^2$
$x^2 = (92\text{ m})^2 - (84\text{ m})^2$
$x^2 = 1408\text{ m}^2 \qquad | \sqrt{}$
$x \approx 37{,}52\text{ m}$

Jetzt kann der Flächeninhalt berechnet werden.

$A = \frac{1}{2} \cdot 84\text{ m} \cdot 37{,}52\text{ m}$

$A = 1575{,}84\text{ m}^2$ (Feld A)

$A_{\text{Feld B}} = A_{\text{Feld A}} \Rightarrow A_{\text{Feld B}} = 1575{,}84\text{ m}^2$

2. Schritt:
Berechnung der Höhe h:

| $A = g \cdot h$ | Flächeninhalt eines Parallelogramms

Diese Formel muss nach h aufgelöst werden.

$h = \frac{A}{g}$ $\qquad$ $A = 1575{,}84\text{ m}^2$ $\quad$ $g = 72\text{ m}$

$h = \frac{1575{,}84\text{ m}^2}{72\text{ m}}$

$h \approx 21{,}89\text{ m}$

Das Feld B muss 21,89 m breit sein, um den gleichen Flächeninhalt zu haben.

Aufgabe 5

Berechnung des Umfangs u:

1. Schritt:
Berechnung der Radien r_1 und r_2:
b_1 ist die Bogenlänge eines Halbkreises.

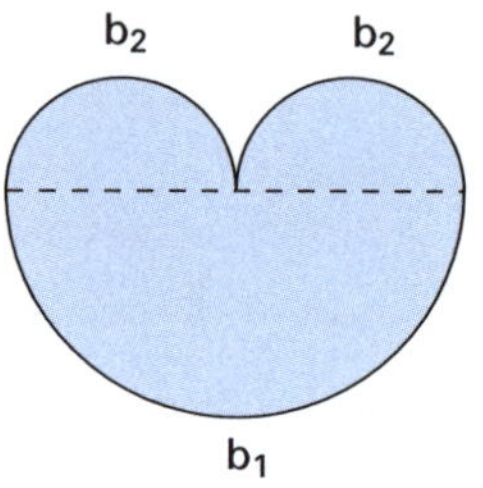

$$b_{HK} = \frac{1}{2} \cdot 2r \cdot 3{,}14$$

$$b_1 = \frac{1}{2} \cdot 2r_1 \cdot 3{,}14$$

$$b_1 = r_1 \cdot 3{,}14$$

$$25{,}12 \text{ cm} = r_1 \cdot 3{,}14 \qquad | : 3{,}14$$

$$r_1 = 8 \text{ cm} \quad \Rightarrow \quad r_2 = 4 \text{ cm}$$

2. Schritt:
Berechnung der Bogenlänge b_2:

$$b_2 = \frac{1}{2} \cdot 2 \cdot 4 \text{ cm} \cdot 3{,}14$$

$$b_2 = 12{,}56 \text{ cm}$$

3. Schritt:
Berechnung des Umfangs u der Figur:

$u = b_1 + 2 \cdot b_2$
$u = 25{,}12 \text{ cm} + 2 \cdot 12{,}56 \text{ cm}$
$u = 50{,}24 \text{ cm}$

Die Figur hat einen Umfang von 50,24 cm.

Berechnung des Flächeninhalts A:

Gesamtansatz: $A = A_{\text{Halbkreis 1}} + 2 \cdot A_{\text{Halbkreis 2}}$
$A = A_{HK\,1} + 2 \cdot A_{HK2}$

4. Schritt:
Berechnung des Flächeninhalts der Halbkreise:

$A_{HK1} = \frac{1}{2} \cdot (8 \text{ cm})^2 \cdot 3{,}14$ $\qquad$ $A_{HK2} = \frac{1}{2} \cdot (4 \text{ cm})^2 \cdot 3{,}14$

$A_{HK1} = 100{,}48 \text{ cm}^2$ $\qquad$ $A_{HK2} = 25{,}12 \text{ cm}^2$

5. Schritt:
Berechnung des Flächeninhalts A der Figur:

$A = 100{,}48 \text{ cm}^2 + 2 \cdot 25{,}12 \text{ cm}^2$
$A = 150{,}72 \text{ cm}^2$

Die Figur hat einen Flächeninhalt von 150,72 cm^2.

Aufgabe 6

1. Schritt:
Berechnung des Flächeninhalts $A_{\Delta ECD}$ des Dreiecks:

$A_\Delta = \frac{1}{2} \cdot 8\text{ cm} \cdot 8\text{ cm}$

$A_\Delta = 32\text{ cm}^2$

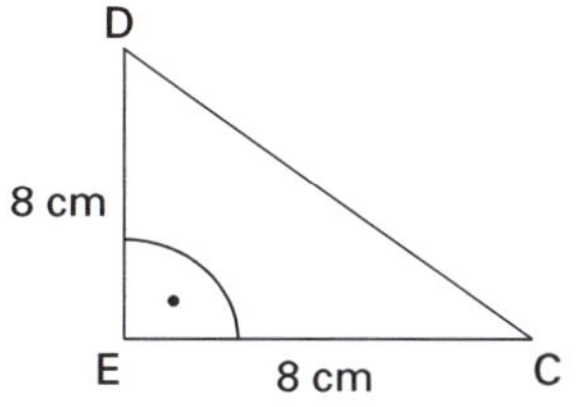

2. Schritt:
Berechnung des Flächeninhalts A_{ABCE} des Trapezes:

$$A = \frac{g_1 + g_2}{2} \cdot h$$

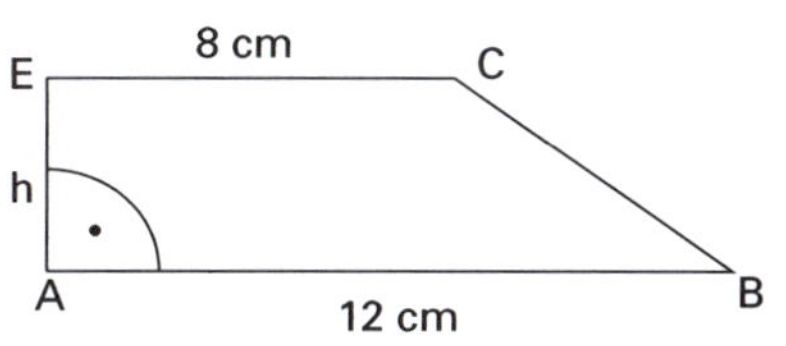

$h = \overline{AE}$

$A_T = \frac{12\text{ cm} + 8\text{ cm}}{2} \cdot \overline{AE}$

$A_T = 10\text{ cm} \cdot \overline{AE} \quad \Rightarrow \quad A_T = A_\Delta = 32\text{ cm}^2$

3. Schritt:
Berechnung von $\overline{AE}$:

$10\text{ cm} \cdot \overline{AE} = 32\text{ cm}^2 \qquad | : 10\text{ cm}$

$\overline{AE} = 3{,}2\text{ cm}$

6. Berechnungen an Körpern

Aufgabe 1

1. Schritt:
Berechnung des Zylindervolumens:

$$V_Z = r^2\pi \cdot h \qquad r = 4\text{ cm},\ h = 10\text{ cm} \quad \Rightarrow \quad V_Z = (4\text{ cm})^2 \cdot \pi \cdot 10\text{ cm}$$
$$V_Z = 502{,}65\text{ cm}^3$$

2. Schritt:
Berechnung eines Kegelvolumens:

$$V_K = \frac{1}{3} r^2\pi \cdot h \qquad r = 4\text{ cm},\ h = 5\text{ cm} \quad \Rightarrow \quad V_K = \frac{1}{3}(4\text{ cm})^2 \cdot \pi \cdot 5\text{ cm}$$
$$V_K = 83{,}78\text{ cm}^3$$

3. Schritt:
Berechnung des Abfalls:

$V_{Abfall} = V_Z - 2 \cdot V_{Ke}$

$V_{Abfall} = 502{,}65\text{ cm}^3 - 2 \cdot 83{,}78\text{ cm}^3$

$V_{Abfall} = 335{,}09\text{ cm}^3$

Es entstehen 335,09 cm³ Abfall.

Aufgabe 2

Querschnitt des Holzstabes.

1. Schritt:
Radius r wird mit dem Satz des Pythagoras berechnet.

$$a^2 + b^2 = c^2$$

$r^2 + r^2 = (3{,}67\text{ cm})^2$

$2r^2 = 13{,}47\text{ cm}^2 \quad | :2$

$r^2 = 6{,}74\text{ cm}^2 \quad | \sqrt{\ }$

$r \approx 2{,}6\text{ cm}$

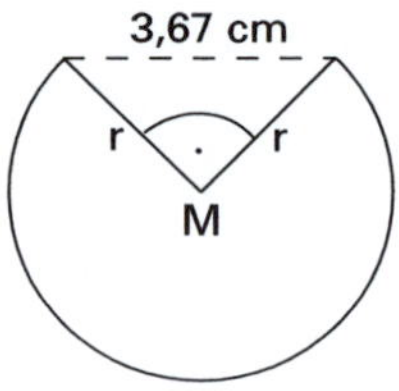

2. Schritt:
Berechnung des Flächeninhalts der Querschnittsfläche:

I. Möglichkeit

$A = A_{Kreis} - A_{Viertelkreis}$

$A_{Kreis} = (2{,}6\ cm)^2 \cdot \pi$

$A_{Kreis} = 21{,}24\ cm^2$

$A_{VK} = \frac{1}{4} \cdot (2{,}6\ cm)^2 \cdot \pi$

$A_{VK} \approx 5{,}31\ cm^2$

$A = 21{,}24\ cm^2 - 5{,}31\ cm^2$

$A = 15{,}93\ cm^2$

II. Möglichkeit

Formel:

$A_S = \frac{\alpha}{360°} r^2 \cdot \pi$

$\alpha = 360° - 90°$

$\alpha = 270°$

$A_S = \frac{270°}{360°} \cdot (2{,}6\ cm)^2 \cdot \pi$

$A_S \approx 15{,}93\ cm^2$

3. Schritt:
Berechnung des Volumens:

$V = A \cdot h$

$A = 15{,}93\ cm^2 \Rightarrow V = 15{,}93\ cm^2 \cdot 200\ cm$

$h = 200\ cm \qquad V = 3186\ cm^3$

4. Schritt:
Berechnung der Masse:

$m = \rho \cdot V$

$1\ kg = 1000\ g$

$m = 0{,}73\ \frac{g}{cm^3} \cdot 3186\ cm^3$

$m = 2325{,}78\ g$) : 1000

$m = 2{,}33\ kg$

Der Holzstab ist 2,33 kg schwer.

Aufgabe 3

6,5 dm = 65 cm

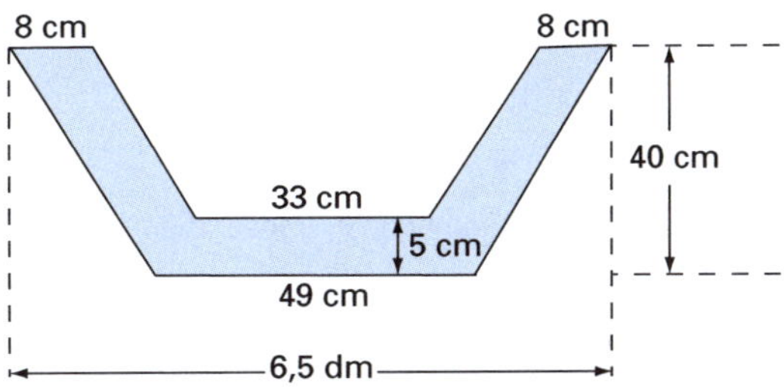

1. Schritt:
Berechnung des Inhalts der Querschnittsfläche:

$A = A_{Trapez\,1} - A_{Trapez\,2}$

$$A_{Tr} = \frac{a + c}{2} \cdot h$$

Trapez 1
a = 65 cm
c = 49 cm
h = 40 cm

$A_{Tr.\,1} = \frac{65\text{ cm} + 49\text{ cm}}{2} \cdot 40\text{ cm}$
$A_{Tr.\,1} = 2280\text{ cm}^2$

Trapez 2
a = 65 cm – 2 · 8 cm = 49 cm
c = 33 cm
h = 40 cm – 5 cm = 35 cm

$A_{Tr.\,2} = \frac{49\text{ cm} + 33\text{ cm}}{2} \cdot 35\text{ cm}$
$A_{Tr.\,2} = 1435\text{ cm}^2$

$A = 2280\text{ cm}^2 - 1435\text{ cm}^2$
$A = 845\text{ cm}^2$

2. Schritt:
Berechnung des Volumens der Betonrinne:

$V = 845\text{ cm}^2 \cdot 80\text{ cm}$
$V = 67\,600\text{ cm}^3$

3. Schritt:
Berechnung der Masse:

$$m = \rho \cdot V$$

$m = 2{,}1\ \frac{\text{g}}{\text{cm}^3} \cdot 67\,600\text{ cm}^3$
$m = 141\,960\text{ g}$ ⟩ : 1000
$m = 141{,}96\text{ kg}$

Eine Betonrinne ist 141,96 kg schwer.

4. Schritt:
Überprüfung der Ladekapazität:

1 Betonrinne wiegt 141,96 kg.
12 Betonrinnen wiegen 141,96 kg · 12 = 1703,52 kg.

1 t = 1000 kg ⇒ 1703,52 kg = 1,7 t

1,7 t > 1,6 t

Der Kleintransporter kann nicht alle 12 Betonrinnen transportieren.

Aufgabe 4

a) **1. Schritt:**
Berechnung von Radius r und Höhe h:

$h = 2r$

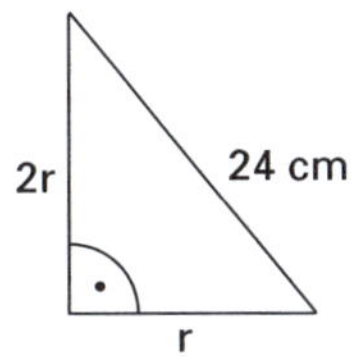

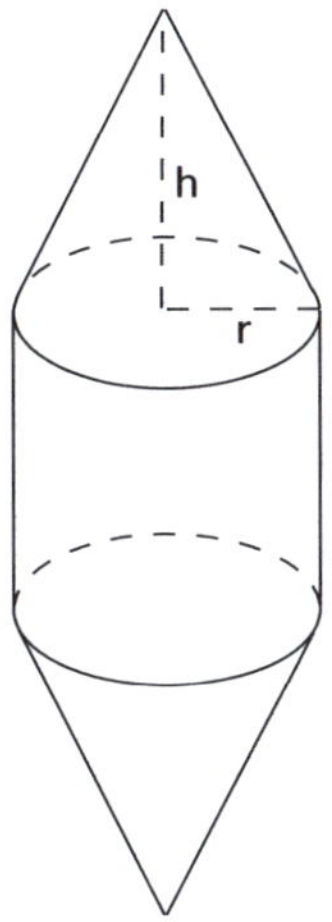

Nach dem Satz des Pythagoras gilt:

$r^2 + (2r)^2 = (24\text{ cm})^2$

$5r^2 = 576\text{ cm}^2 \quad | : 5$

$r^2 = 115{,}2\text{ cm}^2 \quad | \sqrt{\ }$

$r \approx 10{,}73\text{ cm} \quad \Rightarrow \quad h = 21{,}46\text{ cm}$

2. Schritt:
Berechnung des Volumens:

$V = V_Z + 2 \cdot V_K$

Kegel

$r = 10{,}73\text{ cm}, \; h = 21{,}46\text{ cm}$

$$V_K = \frac{1}{3} r^2\pi \cdot h$$

$V_K = \frac{1}{3} \cdot (10{,}73\text{ cm})^2 \cdot \pi \cdot 21{,}46\text{ cm}$

$V_K \approx 2587{,}37\text{ cm}^3$

Zylinder

$r = 10{,}73\text{ cm}, \; h = 21{,}46\text{ cm}$

$$V_Z = r^2\pi \cdot h$$

$V_Z = (10{,}73\text{ cm})^2\, \pi \cdot 21{,}46\text{ cm}$

$V_Z \approx 7762{,}10\text{ cm}^3$

$V = 7762{,}10\text{ cm}^3 + 2 \cdot 2587{,}37\text{ cm}^3$

$V = 12\,936{,}84\text{ cm}^3$

Das Volumen beträgt $12\,936{,}84\text{ cm}^3$.

b) Die Oberfläche wird von der Zylindermantelfläche und den beiden Kegelmantelflächen gebildet.

Kegel

$M = r \cdot \pi \cdot s$

$r = 10{,}73$ cm, $s = 24$ cm

$M_K = 10{,}73 \text{ cm} \cdot \pi \cdot 24 \text{ cm}$
$M_K = 809{,}02 \text{ cm}^2$

Zylinder

$M = 2r \cdot \pi \cdot h$

$r = 10{,}73$ cm, $h = 21{,}46$ cm

$M_Z = 2 \cdot 10{,}73 \text{ cm} \cdot \pi \cdot 21{,}46 \text{ cm}$
$M_Z = 1446{,}80 \text{ cm}^2$

$O = M_Z + 2 \cdot M_K$
$O = 1446{,}80 \text{ cm}^2 + 2 \cdot 809{,}02 \text{ cm}^2$
$O = 3064{,}84 \text{ cm}^2$

Das Werkstück hat einen Oberflächeninhalt von $3064{,}84 \text{ cm}^2$.

Aufgabe 5

a) Der Durchmesser eines Kreises beträgt 12 cm : 3 = 4 cm.
⇒ Der Holzbalken muss 2 · 4 cm = 8 cm hoch sein.

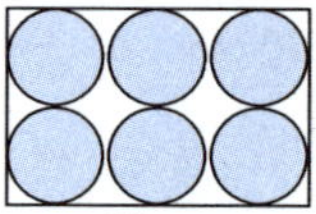

b) $V_Z = r^2\pi \cdot h$

$r = 2$ cm $\quad h = 0{,}6 \text{ m} = 60$ cm

$V = (2 \text{ cm})^2 \cdot \pi \cdot 60 \text{ cm}$
$V = 753{,}98 \text{ cm}^3$

$753{,}98 \text{ cm}^3 \cdot 6 = 4523{,}88 \text{ cm}^3$

Die sechs Zylinder haben zusammen ein Volumen von $4523{,}88 \text{ cm}^3$.

c) **1. Schritt:**
Berechnung des Quadervolumens:

$V = a \cdot b \cdot c$ $\quad a = 12$ cm $\quad b = 8$ cm $\quad c = 60$ cm

$V = 12 \text{ cm} \cdot 8 \text{ cm} \cdot 60 \text{ cm}$
$V = 5760 \text{ cm}^3$

2. Schritt:
Berechnung des Abfalls:

$V_{Abfall} = 5760 \text{ cm}^3 - 4523{,}88 \text{ cm}^3$
$V_{Abfall} = 1236{,}12 \text{ cm}^3$

3. Schritt:
Berechnung des Würfelvolumens:

$V = a^3$ $\quad a = 11 \quad \Rightarrow \quad V_{Würfel} = (11 \text{ cm})^3$
$V_{Würfel} = 1331 \text{ cm}^3$

$1331 \text{ cm}^3 > 1236{,}12 \text{ cm}^3$

Der Abfall als Sägemehl passt in den Würfel.

Aufgabe 6

a) **1. Schritt:**
Berechnung der Pyramidenhöhe h_p:

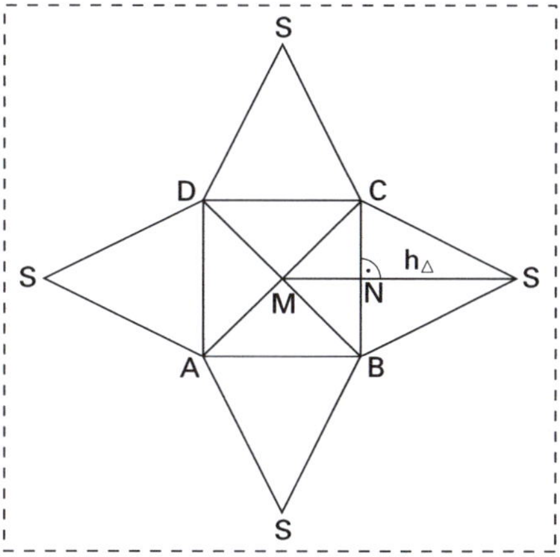

I. Möglichkeit

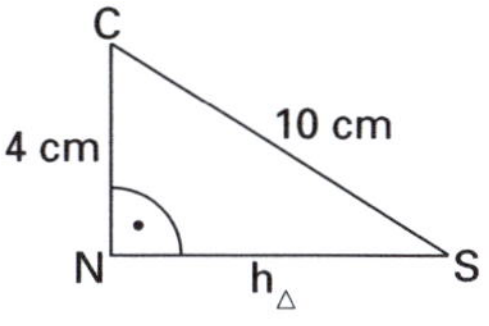

$h_\Delta^2 = (10\text{ cm})^2 - (4\text{ cm})^2$ (Pythagoras)
$h_\Delta = 9{,}17\text{ cm}$

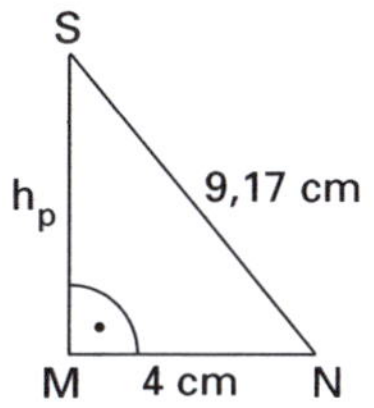

$h_p^2 = (9{,}17\text{ cm})^2 - (4\text{ cm})^2$ (Pythagoras)
$h_p = 8{,}25\text{ cm}$

II. Möglichkeit

[MB] ist die halbe Diagonale eines Quadrates mit der Seitenlänge 8 cm.

$d = a \cdot \sqrt{2}$ $\Rightarrow$ $d = 8\text{ cm} \cdot \sqrt{2}$
$d = 11{,}31\text{ cm}$ $\Rightarrow$ $\overline{MB} = 5{,}66\text{ cm}$

$h_p^2 = (10\text{ cm})^2 - (5{,}66\text{ cm})^2$
$h_p = 8{,}24\text{ cm}$ Wegen verschiedener Lösungsmöglichkeiten können sich die Ergebnisse unterscheiden.

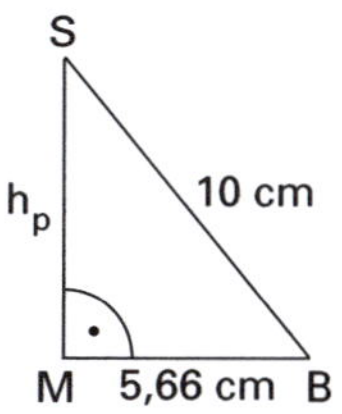

2. Schritt:
Berechnung des Pyramidenvolumens:

$V = \frac{1}{3} G \cdot h$ $\Rightarrow$ $V = \frac{1}{3} (8\text{ cm})^2 \cdot 8{,}24\text{ cm}$
$V = 175{,}79\text{ cm}^3$

Die Pyramide hat ein Volumen von $175{,}79\text{ cm}^3$.

b)

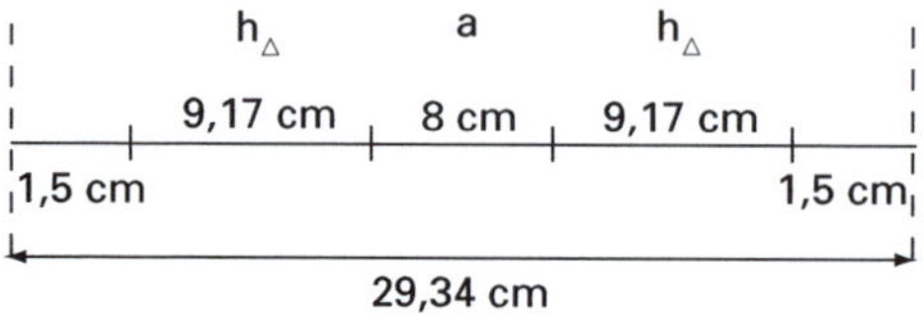

$A = (29{,}34\ \text{cm})^2$
$A = 860{,}84\ \text{cm}^2$

Das quadratische Stück Pappe muss einen Flächeninhalt von 861 cm² haben.

7. Zuordnungen – Direkte und indirekte Proportionalität

Aufgabe 1

a) Anhand der Zahlenpaare (0,5 I 72) und (4 I 9) erkennt man, dass es sich um Produktgleichheit handelt.

$x \cdot y = 36$ — Es liegt also eine indirekte Proportionalität vor: $x \cdot y$ = konstant

$0{,}5 \cdot 72 = 36$

$4 \cdot 9 = 36$

x	0,5	1	-2	3	4	6	5
y	72	36	-18	12	9	6	7,2

b) Anhand der Zahlenpaare (-6 I -9) und (12 I 18) erkennt man, dass es sich um Quotientengleichheit handelt.

$\frac{y}{x} = 1{,}5$ — Es liegt also eine direkte Proportionalität vor: $\frac{y}{x}$ = konstant

$\frac{-9}{-6} = 1{,}5$

$\frac{18}{12} = 1{,}5$

x	-2	0,4	-6	$5\frac{1}{3}$	10	12	18
y	-3	0,6	-9	8	15	18	27

Aufgabe 2

Lösung mit dem Dreisatz:

$$\begin{aligned} 25\text{ mph} &\triangleq 40\,\frac{\text{km}}{\text{h}} && :25 \\ 1\text{ mph} &\triangleq \frac{40}{25}\,\frac{\text{km}}{\text{h}} && \cdot 72 \\ 72\text{ mph} &\triangleq \frac{40 \cdot 72}{25}\,\frac{\text{km}}{\text{h}} \\ &= 115{,}2\,\frac{\text{km}}{\text{h}} \end{aligned}$$

Das Auto würde mit einer Geschwindigkeit von 115,2 $\frac{\text{km}}{\text{h}}$ fahren.

Aufgabe 3

a) **Dreisatz** oder **Produktgleichheit**

Dreisatz:

$$\begin{aligned} 22\text{ l/Tag} &\triangleq 210\text{ Tage} && :22 \;/\; \cdot 22 \\ 1\text{ l/Tag} &\triangleq 210 \cdot 22\text{ Tage} && \cdot 27 \;/\; :27 \\ 27\text{ l/Tag} &\triangleq \frac{210 \cdot 22}{27}\text{ Tage} \\ &= 171{,}1\text{ Tage} \end{aligned}$$

Der Ölvorrat würde für 171 Tage reichen.

Produktgleichheit:

$$22\text{ l} \cdot 210\text{ Tage} = 27\text{ l} \cdot x \qquad |:27\text{ l}$$

$$\frac{22\text{ l} \cdot 210\text{ Tage}}{27\text{ l}} = x$$

$$x = 171{,}1\text{ Tage}$$

b) **Dreisatz** oder **Produktgleichheit**

Dreisatz:

$$\begin{aligned} 210\text{ Tage} &\triangleq 22\text{ l/Tag} && :210 \;/\; \cdot 210 \\ 1\text{ Tag} &\triangleq 210 \cdot 22\text{ l/Tag} && \cdot 280 \;/\; :280 \\ 280\text{ Tage} &\triangleq \frac{210 \cdot 22}{280}\text{ l/Tag} \\ &= 16{,}5\text{ l/Tag} \end{aligned}$$

Man würde täglich 16,5 Liter brauchen.

Produktgleichheit:

$$210 \cdot 22\text{ l/Tag} = 280 \cdot x \qquad |:280$$

$$\frac{210 \cdot 22}{280}\text{ l/Tag} = x$$

$$x = 16{,}5\text{ l/Tag}$$

Aufgabe 4

1. Schritt:
Berechnung der Fahrzeit:

80 km in 1 h

1 km in $\frac{1}{80}$ h

280 km in $\frac{1 \cdot 280}{80}$ h = 3,5 h

Der Pkw-Fahrer braucht 3,5 Stunden und will nun die gleiche Strecke in 3 Stunden fahren.

2. Schritt:
Berechnung der neuen Durchschnittsgeschwindigkeit:

$s = v \cdot t$ Weg ist Geschwindigkeit mal Zeit

Der Weg bleibt gleich: $s_1 = s_2 = 280$ km

$t_1 = 3{,}5$ h $t_2 = 3$ h $v_1 = 80 \frac{km}{h}$

Produktgleichheit:

$$v_1 \cdot t_1 = v_2 \cdot t_2$$

$$80 \frac{km}{h} \cdot 3{,}5\ h = v_2 \cdot 3\ h \quad | : 3\ h$$

$$v_2 = \frac{80 \cdot 3{,}5}{3} \frac{km}{h}$$

$$v_2 = 93{,}33 \frac{km}{h}$$

Das Auto muss mit $93{,}33 \frac{km}{h}$ fahren.

Aufgabe 5

a)

		1000 kWh	1500 kWh	3000 kWh
A 17,6 ct pro kWh	Grundpreis	6,50 €	6,50 €	6,50 €
	Verbrauch	176,00 €	264,00 €	528,00 €
	Endpreis	182,50 €	270,50 €	534,50 €
B 17,5 ct pro kWh	Grundpreis	8,00 €	8,00 €	8,00 €
	Verbrauch	175,00 €	262,50 €	525,00 €
	Endpreis	183,00 €	270,50 €	533,00 €

b) Verbrauch 1000 kWh: Kosten A < Kosten B
Verbrauch 1500 kWh: Kosten A = Kosten B
Verbrauch 3000 kWh: Kosten A > Kosten B

Ich würde mich bei einem Verbrauch von 3000 kWh für Angebot B entscheiden, weil die Kosten niedriger sind.

c) Die Zeichnung ③ trifft am ehesten zu, weil B anfangs teurer ist als A (siehe auch Tabelle) und ab einem gewissen Betrag (siehe Tabelle: 1500 kWh) billiger wird.
Die Gerade von B verläuft dann unterhalb der Geraden von A.

① ist falsch, weil dort der Grundpreis von B niedriger wäre als der von A.

② ist falsch, weil die Preisentwicklung nicht linear, sondern mit einer gekrümmten Linie dargestellt wird.

Aufgabe 6

I. Möglichkeit

Zufluss 1: 200 l in der Minute $\Rightarrow$ 60 · 200 l = 12 000 l in der Stunde

Zufluss 1:	12 000 l/h
Zufluss 2:	3 000 l/h
Gesamt:	15 000 l/h

Lösung mit dem Dreisatz:

$$\begin{aligned} &: 12\,000 \quad 12\,000 \text{ l/h} \mathrel{\hat{=}} 3 \text{ Tage} \quad \cdot 12\,000 \\ &1 \text{ l/h} \mathrel{\hat{=}} 12\,000 \cdot 3 \text{ Tage} \\ &\cdot 15\,000 \quad 15\,000 \text{ l/h} \mathrel{\hat{=}} \frac{12\,000 \cdot 3}{15\,000} \text{ Tage} \quad : 15\,000 \\ &= 2{,}4 \text{ Tage} \end{aligned}$$

II. Möglichkeit

Zufluss 2: 3000 l/h $\Rightarrow$ $\frac{3000}{60}$ l/min = 50 l/min

Zufluss 1:	200 l/min
Zufluss 2:	50 l/min
Gesamt:	250 l/min

Lösung mit dem Dreisatz:

$$\begin{aligned} &: 200 \quad 200 \text{ l/min} \mathrel{\hat{=}} 3 \text{ Tage} \quad \cdot 200 \\ &1 \text{ l/min} \mathrel{\hat{=}} 200 \cdot 3 \text{ Tage} \\ &\cdot 250 \quad 250 \text{ l/min} \mathrel{\hat{=}} \frac{200 \cdot 3}{250} \text{ Tage} \quad : 250 \\ &= 2{,}4 \text{ Tage} \end{aligned}$$

III. Möglichkeit (Produktgleichheit)

Zufluss 1 · Zeit 1 = Zufluss (1 + 2) · Zeit 2

$$12\,000 \text{ l} \cdot 3 \text{ Tage} = 15\,000 \text{ l} \cdot x \qquad | : 15\,000 \text{ l}$$

$$x = \frac{12\,000 \text{ l} \cdot 3 \text{ Tage}}{15\,000 \text{ l}}$$

$$x = 2{,}4 \text{ Tage}$$

Der Füllvorgang würde 2,4 Tage dauern.

8. Interpretation von Tabellen, Graphen, Schaubildern

Aufgabe 1

a) 12 – 7 = 5

Fünf Dreiecke haben keine besondere Form.

b) 27 – (6 + 2 + 4 + 3 + 5) = 27 – 20 = 7

Sieben Parallelogramme sind im Schaukasten.

c) 12 + 27 = 39

Insgesamt sind 39 Dreiecke und Vierecke im Schaukasten.

d) Alle 39 Dreiecke und Vierecke haben einen Punkt A.
Nur 27 Vierecke haben einen Punkt D.
⇒ A kommt 39-mal vor.
D kommt 27-mal vor.

Aufgabe 2

Summe aller Prozentwerte:
20 % + 25 % + 35 % + 20 % + 5 % = 105 %
Katja hat 5% zu viel gezeichnet. Es kann bei dieser Fragestellung aber nicht entschieden werden, bei welcher Altersgruppe der Fehler liegt.

Aufgabe 3

a) Die wenigsten Bundesbürger/-innen erwerbstätig: 2003 mit 39,24 Mio.
Die meisten Bundesbürger/-innen erwerbstätig: 2019 mit 45,24 Mio.

b) Der Anstieg der Erwerbstätigkeit war mit einer Steigerung von über einer Million von 2015 (43,12 Mio.) auf 2017 (44,25 Mio.) am stärksten.

c) Im Jahr 2019 waren 45,24 Mio. Menschen in Deutschland erwerbstätig. 4,5 % davon waren verbeamtet.

I. Möglichkeit
Dreisatz:

$$100\ \% \triangleq 45{,}24\ \text{Mio.}$$

$$1\ \% \triangleq \frac{45{,}24\ \text{Mio.}}{100}$$

$$4{,}5\ \% \triangleq \frac{45{,}24\ \text{Mio.} \cdot 4{,}5}{100}$$

$$\approx 2{,}04\ \text{Mio.}$$

II. Möglichkeit
Formel:
GW = 45,24 Mio., p = 4,5 %

$$PW = \frac{GW \cdot p}{100}$$

$$PW = \frac{45{,}24\ \text{Mio.} \cdot 4{,}5}{100}$$

$$PW = 2{,}04$$

Im Jahr 2019 waren etwa 2,04 Mio. Bundesbürger/-innen als Beamte/Beamtinnen tätig.

d) Die Addition der Prozentwerte müsste eigentlich 100 % ergeben.
75,5 % + 10,5 % + 9,4 % + 4,5 % = 99,9 %
Da es sich um gerundete Werte handelt, um den Graphen übersichtlich zu halten, kann es sein, dass die Summe nicht genau 100 % ergibt.

Aufgabe 4

Es muss zugeordnet werden:

A → ②

Zuerst wird der Zylinder leer, die Höhe nimmt linear ab. Dann wird der Kegel leer, wobei die Wasserhöhe immer schneller abnimmt.

B → ④

Zuerst wird der Kegel leer, die Wasserhöhe nimmt immer langsamer ab. Dann wird der Zylinder leer, die Wasserhöhe nimmt linear ab.

C → ⑤

In beiden Zylindern nimmt die Wasserhöhe linear ab. Der obere Zylinder ist der größere, also nimmt dort die Wasserhöhe langsamer ab als im unteren Zylinder.

D → ③

Im oberen Kegel nimmt die Wasserhöhe immer langsamer ab, im unteren Kegel immer schneller.

Die Grafik ① passt zu keinem der vier Gefäße.

Aufgabe 5

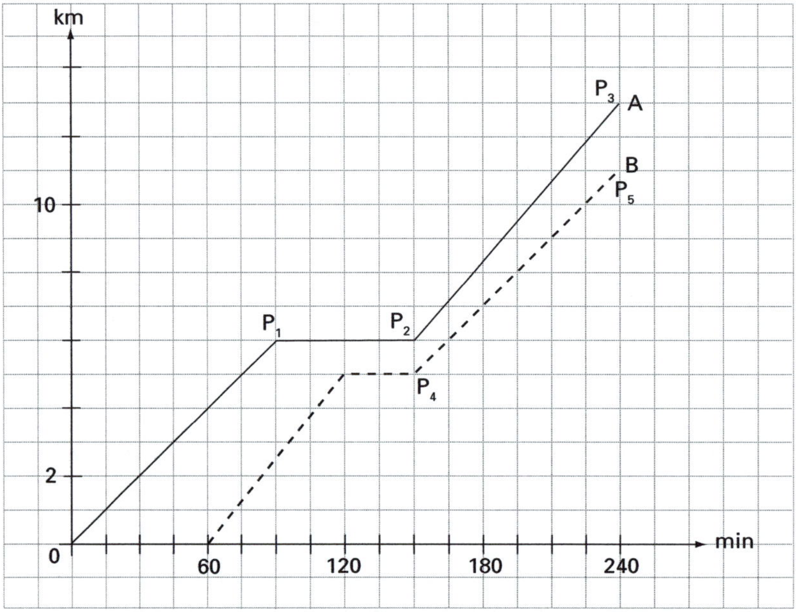

a) A ist 13 km gelaufen, B ist 11 km gelaufen.

b) Pause von A: 1 Stunde

Pause von B: $\frac{1}{2}$ Stunde

c) A ist 4 Stunden unterwegs, B ist 3 Stunden unterwegs.

d) Laufzeit von A: 3 Stunden

Laufzeit von B: $2\frac{1}{2}$ Stunden

e) Geschwindigkeit v_A von A:

$$3\text{ h} \mathrel{\hat{=}} 13\text{ km} \quad (:3)$$
$$1\text{ h} \mathrel{\hat{=}} \frac{13}{3}\text{ km}$$

$$\Rightarrow \quad v_A = 4{,}33\,\frac{\text{km}}{\text{h}}$$

Geschwindigkeit v_B von B:

$$2{,}5\text{ h} \mathrel{\hat{=}} 11\text{ km} \quad (:25)$$
$$1\text{ h} \mathrel{\hat{=}} \frac{11}{2{,}5}\text{ km}$$

$$v_B = 4{,}4\,\frac{\text{km}}{\text{h}}$$

f) A läuft in der zweiten Phase (von P_2 bis P_3) schneller, weil die Strecke $[P_2P_3]$ steiler verläuft als die Strecke $[0P_1]$.

g) Die Strecken [0P_1] und [P_4P_5] sind zueinander parallel. ⇒ Wanderer A hat vor der Pause die gleiche Geschwindigkeit wie Wanderer B nach der Pause.

h) Die Wanderer treffen sich nicht, weil sich die Graphen nicht schneiden.

Aufgabe 6

a) Eine Prozentangabe bezieht sich stets auf das Ganze (auf einen Grundwert).
Da die Einwohnerzahlen nicht gleich sind, ergeben die 3,7 % jeweils verschiedene Werte.

b) **Baden-Württemberg**

$100\ \% \mathrel{\hat{=}} 10\,786\,227$ E.

$3{,}7\ \% \mathrel{\hat{=}} \frac{10\,786\,227 \cdot 3{,}7}{100}$ E.

$= 399\,090$ Einwohner

Bayern

$100\ \% \mathrel{\hat{=}} 12\,595\,891$ E.

$3{,}7\ \% \mathrel{\hat{=}} \frac{12\,595\,891 \cdot 3{,}7}{100}$ E.

$= 466\,048$ Einwohner

Im Dezember 2011 waren in Baden-Württemberg 399 090 Einwohner arbeitslos, in Bayern waren es 466 048 Einwohner.

9. Konstruktionen (auch im Koordinatensystem)

Aufgabe 1

In die Planfigur werden die gegebenen Stücke farbig eingezeichnet.

Planfigur

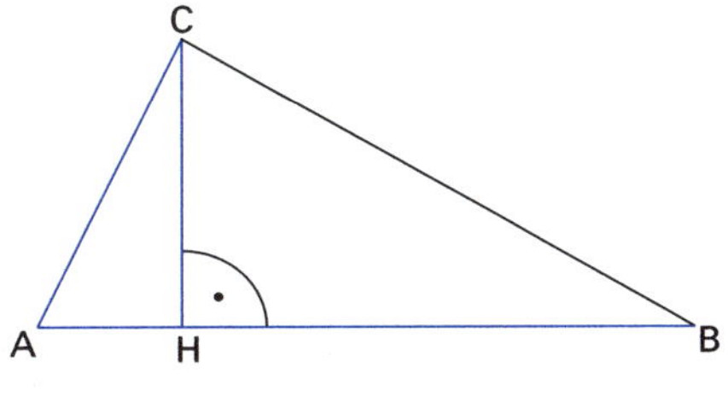

Konstruktionsbeschreibung

1. Mit c erhält man die Strecke [AB].
2. Zeichnen einer Parallele p zu [AB] im Abstand h.
3. Zeichnen eines Kreises k um A mit Radius b.
4. Schnittpunkt von k mit p ergibt den Punkt C.

Konstruktion

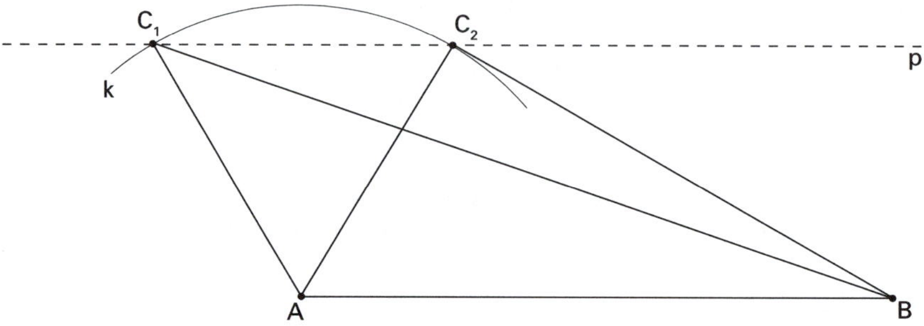

Der Kreis schneidet die Parallele p zweimal. $\Rightarrow$ Es gibt zwei Dreiecke ABC_1 und ABC_2.

Aufgabe 2

a)

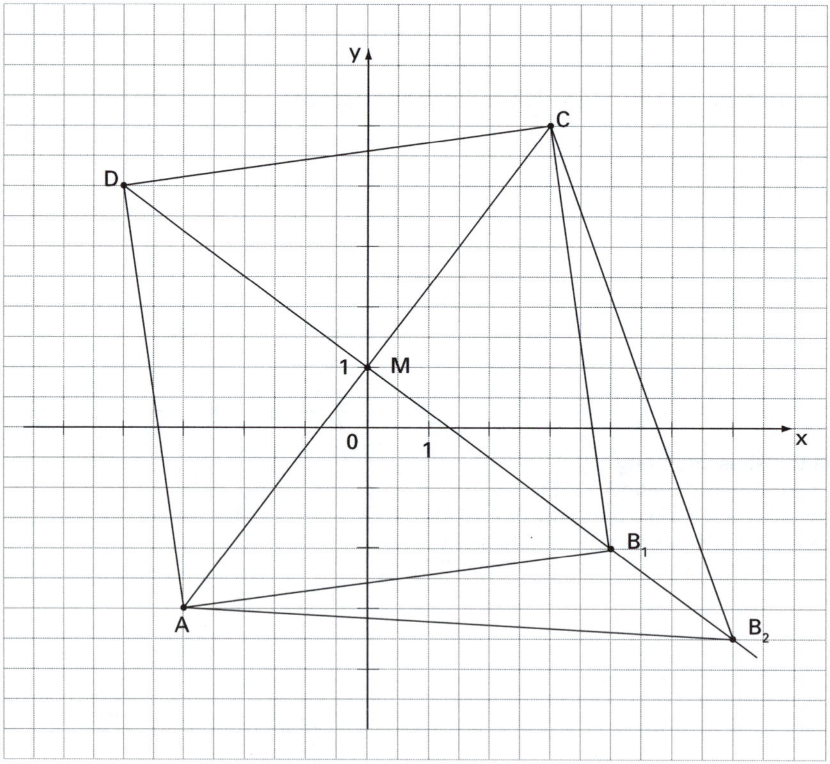

b) B_1 liegt auf der Senkrechten zu [AC] durch den Punkt D und es muss gelten:

$\overline{MB_1} = \overline{MD}$

B_1 (4 I -2)

c) B_2 liegt auch auf dieser Senkrechten. Er kann links oder rechts von B_1 liegen, aber nicht auf der Strecke [DM].

Aufgabe 3

Planfigur

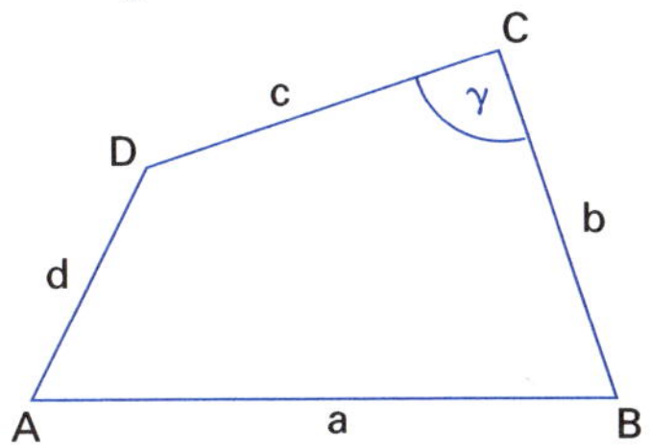

Konstruktionsbeschreibung

1. Mit b erhält man [BC].
2. An C den Winkel γ antragen $\Rightarrow$ [CD
3. Kreis um C mit Radius c schneidet [CD im Punkt D.
4. Die Kreise um D mit Radius d und um B mit Radius a schneiden sich in A.

Konstruktion

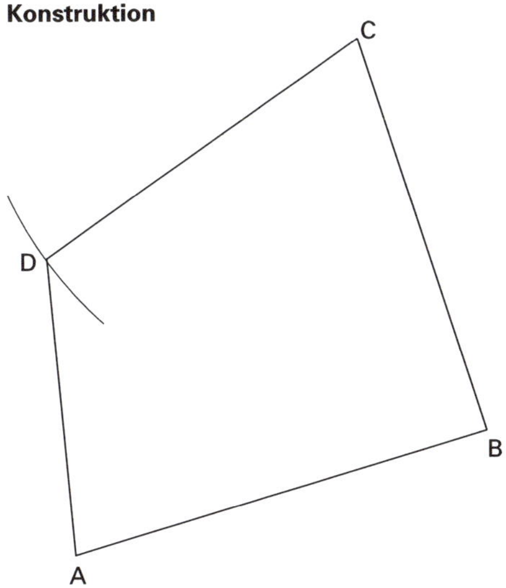

Aufgabe 4

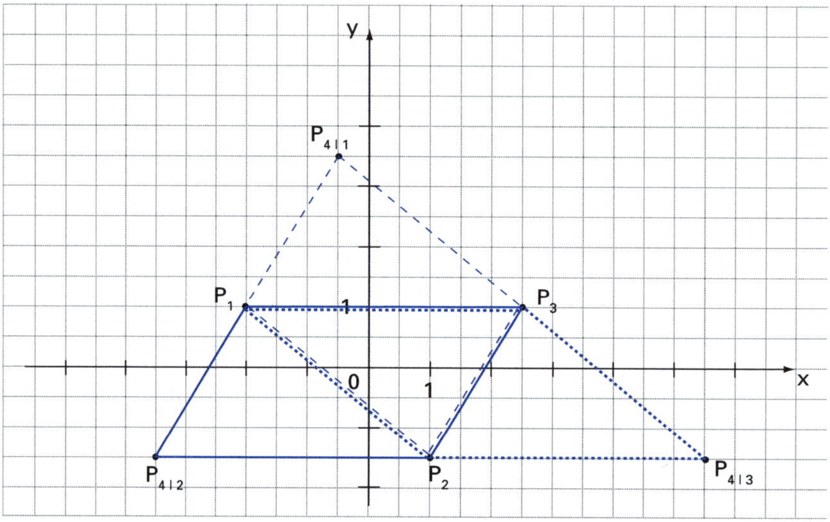

Parallelogramme:

- - - - $P_1P_2P_3\ P_{4|1}$	$P_{4|1}$	(-0,5 I 3,5)
——— $P_1P_{4|2}P_2P_3$	$P_{4|2}$	(-3,5 I -1,5)
········ $P_1P_2P_{4|3}P_3$	$P_{4|3}$	(5,5 I -1,5)

Aufgabe 5

a)

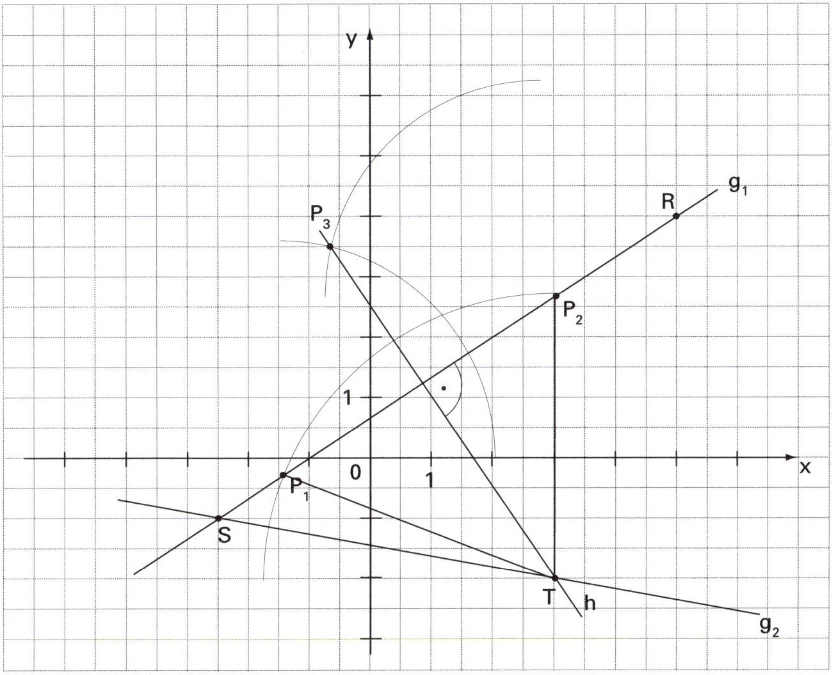

b) Der Kreisbogen um T schneidet g_1 in P_1 und P_2. Der Kreis um P_1 mit dem Radius $r > \frac{1}{2}\,\overline{P_1P_2}$ und der Kreis um P_2 mit dem gleichen Radius r schneiden sich im Punkt P_3. Die Gerade durch P_3 und T ist die gesuchte Senkrechte h zu g_1.

c) $\overline{TP_1} = \overline{TP_2}$
Das Dreieck P_1TP_2 ist also gleichschenklig.

Aufgabe 6

a) + b)

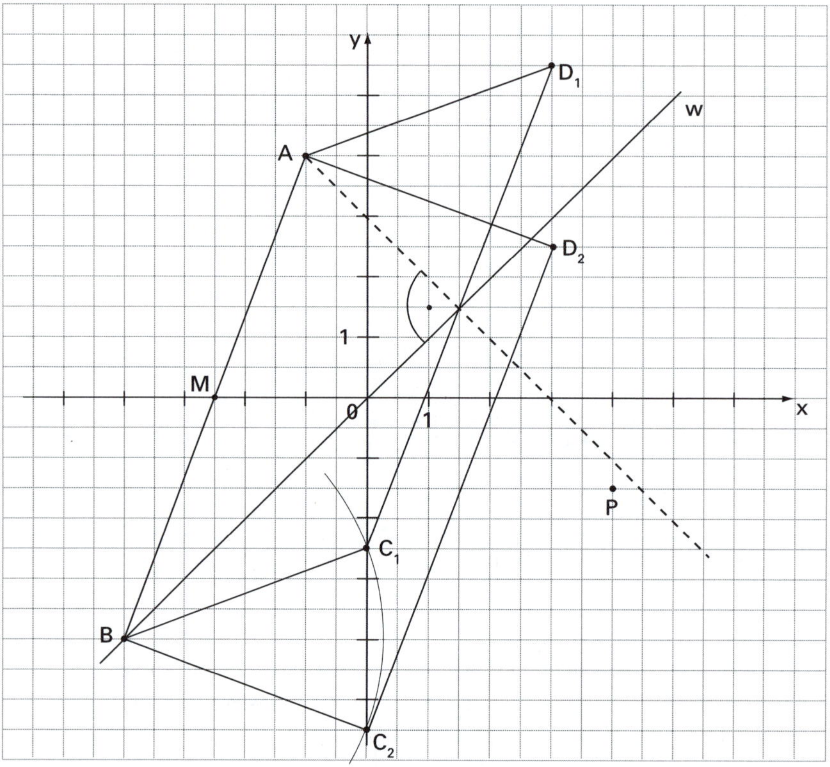

c) Die Senkrechte (gestrichelte Linie) zu w durch A verläuft nicht durch P. A und P sind also keine Spiegelpunkte.

d) M (-2,5 I 0)

e) Der Kreis um B mit Radius $r = \frac{1}{2}\overline{AB} = \overline{BM}$ schneidet die y-Achse in den Punkten C_1 und C_2.
C_1 (0 I -2,5), C_2 (0 I -5,5), D_1 (3 I 5,5), D_2 (3 I 2,5)

10. Wahrscheinlichkeit

Aufgabe 1

a) $M_{\text{Münze}} = \{K, Z\}$

b) $M_{\text{Würfel}} = \{1, 2, 3, 4, 5, 6\}$

c) $M_{\text{Glücksrad}} = \{A, B, C, D, E\}$

Aufgabe 2

a) $M_{\text{gerade Zahlen}} = \{2, 4, 6, 8, 10, 12\}$

b) $M_{\text{ungerade Zahlen}} = \{1, 3, 5, 7, 9, 11\}$

c) $M_{\text{geteilt durch 4}} = \{4, 8, 12\}$

d) $M_{\text{Primzahlen}} = \{2, 3, 5, 7, 11\}$

Aufgabe 3

a) $M_{\text{zweimaliges Ziehen}} = \{ww, wr, ws, wb, rr, rw, rs, rb, ss, sw, sr, sb, bb, bw, bs, br\}$

b) $M_{\text{gleiche Farbe}} = \{ww, rr, ss, bb\}$

c) $M_{\text{unterschiedliche Farben}} = \{wr, ws, wb, rw, rs, rb, sw, sr, sb, bw, bs, br\}$

d) Der Ergebnisraum von b) ist das Gegenereignis zu c).
Der Ergebnisraum von c) ist das Gegenereignis zu b).

Aufgabe 4

a) Baumdiagramm:

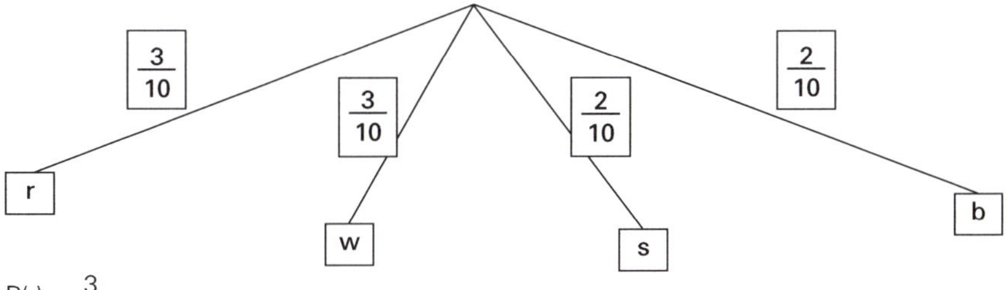

b) $P(r) = \frac{3}{10}$

c) $P(b) = \frac{2}{10}$

d) $P(\overline{w}) = \frac{3}{10} + \frac{2}{10} + \frac{2}{10} = \frac{7}{10}$

Training

Aufgabe 5

a) $P(1) = \frac{1}{4}$

b) $P(\bar{3}) = \frac{3}{4}$

c) $P(4o5) = \frac{1}{4}$

d) $P(4) = \frac{1}{8}$

e) $P(\bar{5}) = \frac{7}{8}$

Aufgabe 6

a) Baumdiagramm für Luisas Wahl:

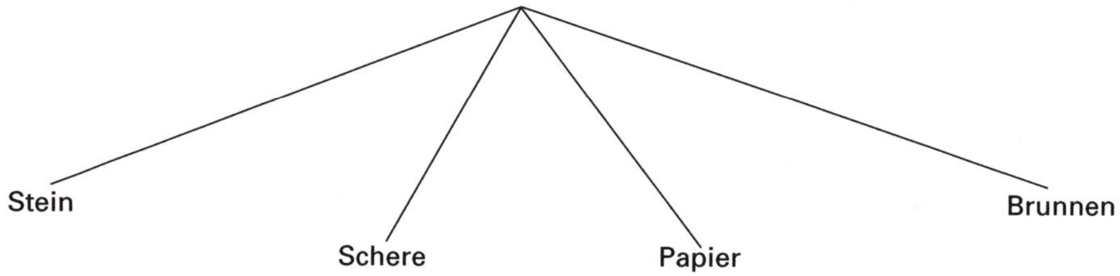

b) Baumdiagramm Gewinnchancen:

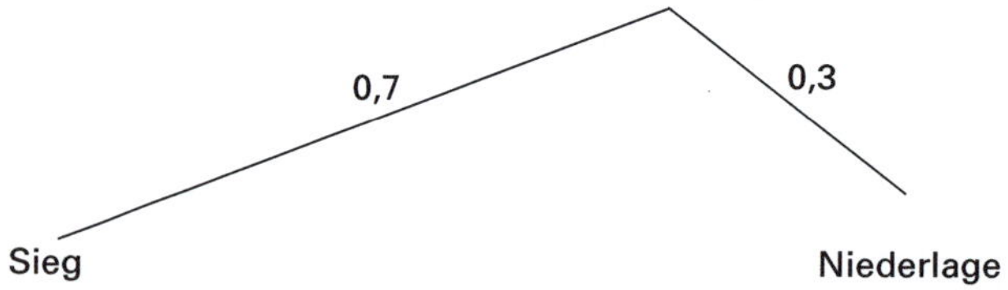

c) Luisa hat recht. Hat Joel die Schere gewählt, bleiben ihr 2 Möglichkeiten zu siegen, nämlich Brunnen und Stein. So hat sie eine größere Wahrscheinlichkeit zu gewinnen.

Teil A

Aufgabe 1

a) Für 8 h erhält er 72 €
Für 1 h erhält er 72 € : 8 = 9 €
Für 36 h erhält er 9 · 36 € = 324 €

b) 5 Jugendliche teilen insgesamt 5 · 220 = 1100 Stück aus.
Bei 4 Jugendlichen müsste jeder 1100 : 4 = 275 Stück austeilen.

Aufgabe 2

a) $\cdot\, 10^8$ bedeutet: Das Komma wird um 8 Stellen nach rechts verschoben.
Richtig ist: 149 600 000 km

b) Die 6 steht an 6. Stelle nach dem Komma.
$\Rightarrow$ 0,000006 m = $6 \cdot 10^{-6}$ m

Aufgabe 3

Eine Person ist ca. 1,80 m – 2 m groß.

Flächeninhalt eines Quadrats:	$a \cdot a = a^2$	$\Rightarrow$	$1\text{ m} \cdot 1\text{ m} = 1\text{ m}^2$
Flächeninhalt von 6 Quadraten:	$6 \cdot a^2$	$\Rightarrow$	$6 \cdot 1\text{ m}^2 = 6\text{ m}^2$
Flächeninhalt des Halbkreises:	$\frac{1}{2} \cdot r^2 \cdot 3$	$\Rightarrow$	$1\text{ m} \cdot 1\text{ m} \cdot 3 : 2 = 1{,}5\text{ m}^2$
Flächeninhalt der Gesamtfläche:			$6\text{ m}^2 + 1{,}5\text{ m}^2 = 7{,}5\text{ m}^2$
Reinigungspreis:			$7{,}5\text{ m}^2 \cdot 3$ € = 22,50 €

Aufgabe 4

Mit dem Ergebnis des mittleren waagrechten Streifens (0,4 + 0,6 + 0,8 = 1,8) können die fehlenden Zahlen ermittelt werden.
z. B.: 1,8 – 0,9 – 0,4 = 0,5

0,9	0,2	0,7
0,4	0,6	0,8
0,5	1	0,3

Aufgabe 5

$$\begin{aligned} 10x + 5 &= 32 + 7x && \mid -7x \\ 3x + 5 &= 32 && \mid -5 \\ 3x &= 27 && \mid :3 \\ x &= 9 \end{aligned}$$

(Probe-Pfeile: $+7x$; $\cdot 3$; $\cdot 3$)

Aufgabe 6

	Anzahl der Würfe	Anzahl der Treffer	Trefferquote
Burak	𝍸 𝍸 𝍸 𝍸 𝍸	𝍸 𝍸 𝍸	60%
Aileen	𝍸 𝍸 𝍸 𝍸	𝍸	25%
Thomas	𝍸 𝍸 𝍸 |	𝍸 𝍸 ||	75%

Burak trifft 15 von 25 Würfen $\triangleq \frac{15}{25} = \frac{3}{5} = \frac{6}{10} = 60\%$

Aileen trifft 5-mal. Das entspricht $25\% = \frac{1}{4}$ ihrer Würfe. Sie hat also $4 \cdot 5 =$ 20-mal geworfen.

Thomas trifft $75\% = \frac{3}{4}$ seiner 16 Würfe, also $\frac{16}{4} \cdot 3 =$ 12-mal.

Aufgabe 7

	richtig	falsch
a) Das Volumen des Zylinders ist dreimal so groß wie das Volumen des Kegels.	☒	☐
b) Der Oberflächeninhalt des linken Quaders ist doppelt so groß wie der des Würfels.	☐	☒
c) Der linke Quader hat ein Volumen von 3000 cm^3.	☐	☒
d) Der Oberflächeninhalt des Zylinders ist größer als der des Würfels.	☐	☒

Zu a) Kegel und Zylinder haben gleiche Grundfläche und Höhe. Nachdem lt. Formel das Kegel-volumen $\frac{1}{3}$ des zugehörigen Zylinders beträgt, trifft die Aussage zu.

Zu b) $O_{Quader} = 20\text{ cm} \cdot 10\text{ cm} \cdot 4 + 10\text{ cm} \cdot 10\text{ cm} \cdot 2 = 1000\text{ cm}^2$

$O_{Würfel} = 10\text{ cm} \cdot 10\text{ cm} \cdot 6 = 600\text{ cm}^2 \quad \Rightarrow \quad O_{Qu} \neq 2 \cdot O_W$

Zu c) $V_{Quader} = a \cdot b \cdot c$

$V_{Quader} = 20\text{ cm} \cdot 10\text{ cm} \cdot 10\text{ cm} = 2000\text{ cm}^3 \neq 3000\text{ cm}^3$

Zu d) $O_{Zylinder} = 2 \cdot A + M = 2 \cdot r \cdot r \cdot \pi + d \cdot \pi \cdot h$

$= 2 \cdot 5\text{ cm} \cdot 5\text{ cm} \cdot 3 + 10\text{ cm} \cdot 3 \cdot 10\text{ cm}$

$= 75\text{ cm}^2 + 300\text{ cm}^2 = 375\text{ cm}^2$

$O_{Würfel} = 600\text{ cm}^2 \quad \Rightarrow \quad O_Z < O_W$

Aufgabe 8

Die Länge einer Wicklung entspricht dem Umfang der Gartenschlauchrolle.
$d = 0{,}4\ \text{m} \cdot 3 = 1{,}2\ \text{m} \quad (\pi \approx 3)$
$12\ \text{m} : 1{,}2\ \text{m} = 10$

Die Rolle muss 10-mal gedreht werden.

Aufgabe 9

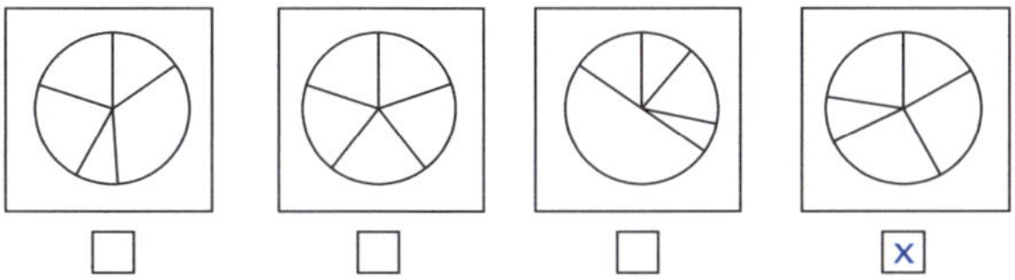

Klettern und Fußball wird von jeweils 50 Schülern gewählt.

$50 \text{ von } 200 = \frac{50}{200} = \frac{1}{4}$

$\Rightarrow$ Nur das letzte Kreisdiagramm enthält zwei 90°-Abschnitte ($90° \triangleq \frac{1}{4}$ von 360°!).

Aufgabe 10

$A_{Pfeil} = A_{Quadrat} + A_{Dreieck}$

$A_{Pfeil} = 5\ \text{cm} \cdot 5\ \text{cm} + \frac{1}{2} \cdot 10\ \text{cm} \cdot 5\ \text{cm}$

$A_{Pfeil} = 25\ \text{cm}^2 + 25\ \text{cm}^2$
$= 50\ \text{cm}^2$

$A_{Qu} = a \cdot a$
$A_{\Delta} = \frac{1}{2} g \cdot h$

Aufgabe 11

a) $12{,}34\ \text{t} = 12\,340\ \text{kg}$

b) $1735\ \text{mm} = 1{,}735\ \text{m}$

c) $7{,}5\ \text{m}^3 = 7500\ \text{l}$

d) 100 Stunden = 4 Tage 4 Stunden

$1\ \text{dm}^3 = 1\ \text{l}$

Aufgabe 12

Mögliche Erklärung:
Bei der Berechnung von h wurde h als Hypotenuse eingesetzt, h ist aber Kathete.
oder
Hypotenuse und Kathete wurden verwechselt.

Teil B

Aufgabengruppe I

Aufgabe 1

$$\frac{6 \cdot (2x + 3)}{3} - 2{,}5 \cdot (3x + 4) = \frac{5x}{2} - x - 14$$

$$4x + 6 - 7{,}5x - 10 = 2{,}5x - x - 14$$

$$-3{,}5x - 4 = 1{,}5x - 14 \qquad | + 3{,}5x + 14$$

$$10 = 5x \qquad | : 5$$

$$2 = x$$

Aufgabe 2

Berechnung der Dreiecksfläche:

$$A_\Delta = 0{,}19\ \text{m} \cdot 1{,}8\ \text{m} \cdot \frac{1}{2} = 0{,}171\ \text{m}^2 \approx 0{,}17\ \text{m}^2$$

$$A_\Delta = \frac{1}{2} g \cdot h$$

Bestimmung der Länge des Rechtecks mit dem Satz des Pythagoras:

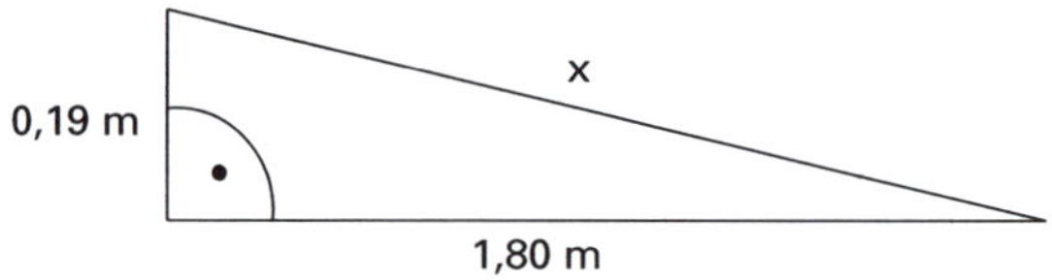

$$a^2 + b^2 = c^2$$

$x^2 = (0{,}19\ \text{m})^2 + (1{,}8\ \text{m})^2$

$x^2 = 0{,}0361\ \text{m}^2 + 3{,}24\ \text{m}^2$

$x = \sqrt{3{,}2761\ \text{m}^2}$

$x = 1{,}81\ \text{m}$

Rechtecksfläche:

$A_R = 1{,}3\ \text{m} \cdot 1{,}81\ \text{m} = 2{,}353\ \text{m}^2 \approx 2{,}35\ \text{m}^2$

Gesamtfläche:

$A_{Ges.} = A_\Delta + A_R = 0{,}17\ \text{m}^2 + 2{,}35\ \text{m}^2 = 2{,}52\ \text{m}^2$

Farbbedarf:

Für $1{,}2\ \text{m}^2 \Rightarrow$ 1 Dose
Für $2{,}52\ \text{m}^2 \Rightarrow 2{,}52\ \text{m}^2 : 1{,}2\ \text{m}^2 = 2{,}1$

$\Rightarrow$ Es müssen 3 Dosen eingekauft werden.

Aufgabe 3

a)

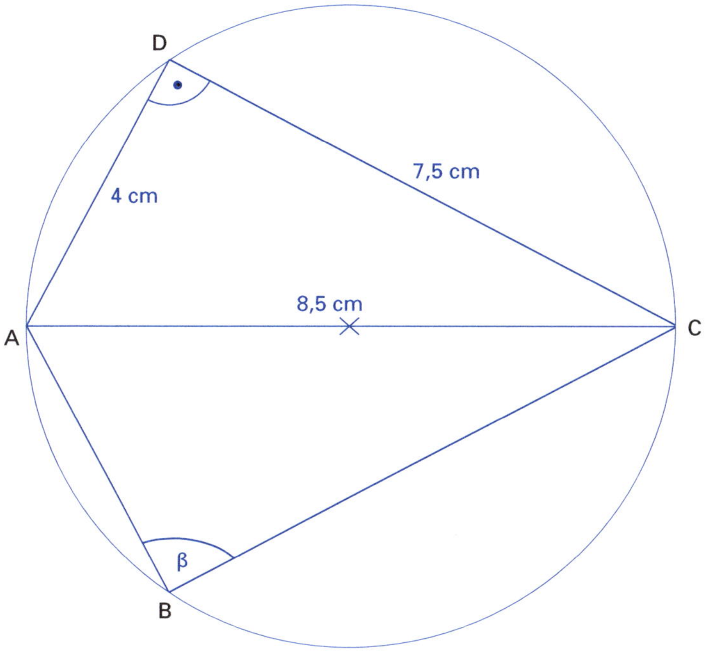

b) $A_{\text{Halbkreis}} = \frac{1}{2} \cdot r^2 \pi = \frac{1}{2} \cdot (4{,}25\text{ cm})^2 \cdot 3{,}14 = 28{,}358125\text{ cm}^2$
$\approx 28{,}36\text{ cm}^2$

c) siehe Zeichnung

d) $A_{ABCD} = 2 \cdot \frac{4\text{ cm} \cdot 7{,}5\text{ cm}}{2} = 4\text{ cm} \cdot 7{,}5\text{ cm} = 30\text{ cm}^2$

Aufgabe 4

a) Stromerzeugung durch Wind:
2016: 77,8 TWh
2017: 103,7 TWh

Anstieg: 103,7 TWh – 77,8 TWh = 25,9 TWh
77,8 TWh ≙ 100%
0,778 TWh ≙ 1%
25,9 TWh ≙ 25,9 : 0,778 ≈ 33,3%

b) Biomasse 2017: 47,6 TWh
$101{,}3\,\% \triangleq 47{,}6$ TWh
$1\,\% \triangleq 0{,}46989 \ldots$ TWh
$100\,\% \triangleq 46{,}989$ TWh $\approx$ 47 TWh

c) Stromerzeugung durch Wind und Solar 2017:
103,7 TWh + 38,4 TWh = 142,1 TWh

Stromerzeugung gesamt:
$25{,}9\,\% \triangleq 142{,}1$ TWh
$1\,\% \triangleq 5{,}4864$ TWh
$100\,\% \triangleq 548{,}64$ TWh

Aufgabengruppe II

Aufgabe 1

▶ Anzahl der Tage:	x
▶ Kosten für einen Stellplatz:	$30{,}50\ € \cdot x$
▶ Kosten für 2 Erwachsene und 2 Kinder für die gesamte Zeit:	$4 \cdot 9{,}50\ € \cdot x = 38\ € \cdot x$
▶ Kosten für das Waschen:	$4 \cdot 5{,}50\ € = 22\ €$
▶ Gesamtkosten:	844 €

Aufstellen einer Gleichung:

$$30{,}5x + 38x + 22 = 844 \quad | -22$$
$$68{,}5x = 822 \quad | :68{,}5$$
$$x = 12$$

⇒ Die Familie verbrachte 12 Tage auf dem Campingplatz.

Aufgabe 2

$V_{Werkstück} = V_{Prisma} + V_{Pyramide}$

Grundfläche von Prisma und Pyramide:
Höhe des Bestimmungsdreiecks:

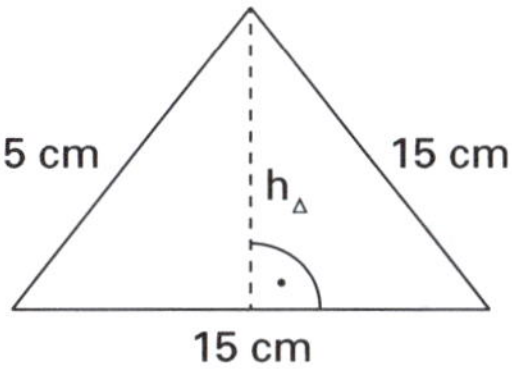

$h_{\Delta}^2 = (15\text{ cm})^2 - (7{,}5\text{ cm})^2$

$h_{\Delta}^2 = 225\text{ cm}^2 - 56{,}25\text{ cm}^2$

$h_{\Delta} = \sqrt{168{,}75\text{ cm}^2} = 12{,}99\text{ cm} \approx 13\text{ cm}$

$\Rightarrow A_{Sechseck} = 6 \cdot \frac{1}{2} \cdot 15\text{ cm} \cdot 13\text{ cm} = 585\text{ cm}^2$

$\Rightarrow V_{Prisma} = A \cdot h = 585\text{ cm}^2 \cdot 5\text{ cm} = 2925\text{ cm}^3$

$\Rightarrow V_{Pyramide} = \frac{1}{3} \cdot A \cdot h = \frac{1}{3} \cdot 585\text{ cm}^2 \cdot 20\text{ cm} = 3900\text{ cm}^3$

$\Rightarrow V_{Werkstück} = 2925\text{ cm}^3 + 3900\text{ cm}^3 = 6825\text{ cm}^3$

$A_{Sechseck} = 6 \cdot \frac{1}{2} \cdot g \cdot h_{\Delta}$

$V_{Prisma} = A \cdot h$

$V_{Pyramide} = \frac{1}{3} \cdot A \cdot h$

Aufgabe 3

a) Mehrwertsteuer:
119% ≙ 714 €
1% ≙ 6 €
19% ≙ 114 €

b) Buskosten im Vorjahr:
16,30 € · 40 = 652 € (incl. MwSt.)

Preissteigerung:
714 € – 652 € = 62 €
100% ≙ 652 €
1% ≙ 6,52 €
x% = 62 €

x = 62 : 6,52 = 9,5092 ≈ 9,5%

oder
Preis pro Person: 714 € : 40 = 17,85 €
Preissteigerung:
16,30 € ≙ 100%
0,163 € ≙ 1%
17,85 € ≙ 17,85 : 0,163 = 109,5092% ≈ 109,5%
109,5% – 100% = 9,5%

Die Buskosten stiegen um 9,5%.

c) 100% ≙ 714 €
2,5% ≙ 714 € : 100 · 2,5 = 17,85 €
714 € – 17,85 € = 696,15 €

oder
97,5% ≙ 714 € : 100 · 97,5 = 696,15 €

Der Verein muss 696,15 € überweisen.

Aufgabe 4

a) Ferienwohnung A: 60 €/Ü. + 50 €

	(1)		(2)
Anzahl Übernachtungen	3	5	10
Gesamtpreis in €	230	350	650

(1) $3 \cdot 60\text{ €} + 50\text{ €} = 230\text{ €}$
(2) $(650\text{ €} - 50\text{ €}) : 60\text{ €} = 10$ Übernachtungen

b)

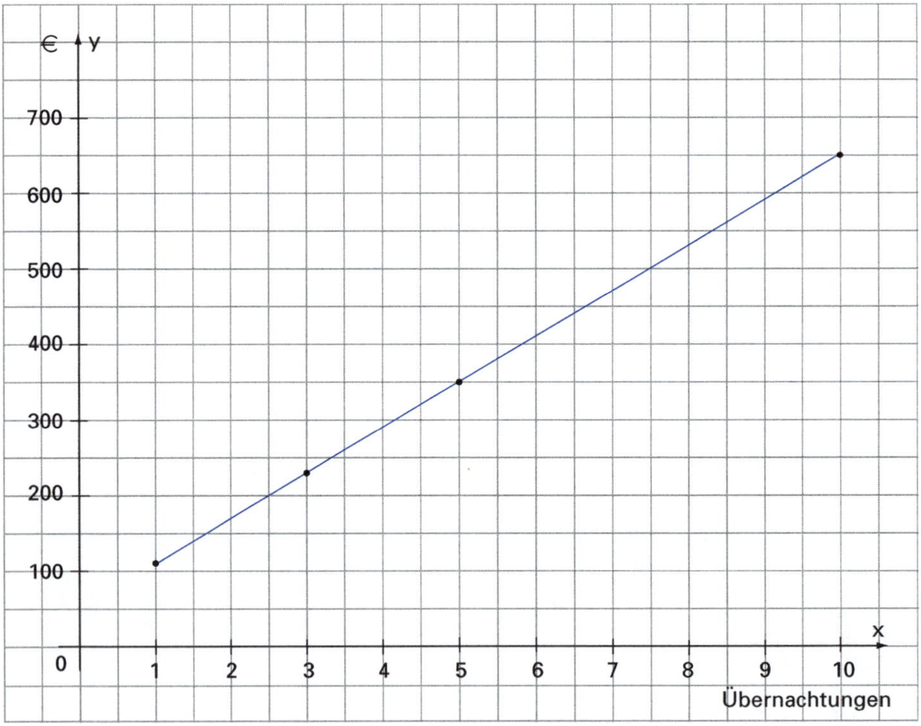

c) Kosten für 3 Personen:
Ferienwohnung A: $5 \cdot 60\text{ €} + 50\text{ €} = 350\text{ €}$
Ferienwohnung B: $5 \cdot 67\text{ €} = 335\text{ €}$

Ersparnis bei Angebot B: $350\text{ €} - 335\text{ €} = 15\text{ €}$
Ersparnis für jeden: $15\text{ €} : 3 = 5\text{ €}$

Aufgabengruppe III

Aufgabe 1

$82 - (44{,}5 + 0{,}625x) : 0{,}25 = (-2) \cdot (-6{,}5x + 17)$

$$82 - 178 - 2{,}5x = 13x - 34$$
$$-96 - 2{,}5x = 13x - 34 \qquad | + 2{,}5x + 34$$
$$-62 = 15{,}5x \qquad | : 15{,}5$$
$$-4 = x$$

Aufgabe 2

a) 100% ≙ 500 g
1% ≙ 5 g
x% ≙ 34 g $\qquad x = 34 : 5 = 6{,}8\%$

Fruchtanteil > 6%
⇒ Es handelt sich um einen Fruchtjoghurt.

b) 104% ≙ 26 g
1% ≙ 0,25 g
100% ≙ 25 g

c) Gesamtmenge des Fruchtjoghurts:
30% ≙ 270 g
100% ≙ 270 : 30 · 100 = 900 g

Verteilung der 900 g auf 4 Personen:
900 : 4 = 225 g

Aufgabe 3

Flächeninhalt einer Halbkreisfläche:

$A_{HK} = \frac{1}{2} \cdot 35\text{ cm} \cdot 35\text{ cm} \cdot 3{,}14$

$A_{HK} = 1932{,}25\text{ cm}^2$

$3 \cdot A_{HK} = 5769{,}75\text{ cm}^2$

$A_O = r^2 \cdot \pi$

Höhe eines Dreiecks:

$h_\Delta^2 = (91\text{ cm})^2 - (35\text{ cm})^2$

$h_\Delta^2 = 8281\text{ cm}^2 - 1225\text{ cm}^2$

$h_\Delta = \sqrt{7056\text{ cm}^2} = 84\text{ cm}$

$a^2 + b^2 = c^2$

Fläche eines Dreiecks:

$A_\Delta = \frac{1}{2} \cdot 70\ \text{cm} \cdot 84\ \text{cm}$

$A_\Delta = 2940\ \text{cm}^2$

$3 \cdot A_\Delta = 8820\ \text{cm}^2$

$A_\Delta = \frac{1}{2}\, g \cdot h$

Gesamtfläche des Logos:

$A_{Ges.} = 5769{,}75\ \text{cm}^2 + 8820\ \text{cm}^2$
$A_{Ges.} = 14\,589{,}75\ \text{cm}^2$

Aufgabe 4

a) Wärmster Monat: Juli (15,9 °C)
Kältester Monat: Januar (-2,9 °C)
Unterschied: 15,9° – (-2,9°) = 18,8 °C

b) Arithmetisches Mittel:

$\bar{x} = \frac{\text{Summe aller Werte}}{\text{Anzahl der Werte}}$

$$\bar{x} = \frac{61 + 56 + 61 + 76 + 102 + 115 + 122 + 125 + 93 + 69 + 70 + 73}{12}\ \text{mm}$$

$\bar{x} = 85{,}25\ \text{mm}$

c) $$\frac{17 + 15 + 13 + 14 + 15 + x + 16 + 15 + 12 + 13 + 14 + 14}{12} = 14{,}5$$

$$\frac{158 + x}{12} = 14{,}5 \qquad | \cdot 12$$

$$158 + x = 174 \qquad | - 158$$

$$x = 16$$

Im Juni regnet es durchschnittlich 16 Tage.

d) Tage ohne Regen im April:
30 – 14 = 16 Tage

Anteil dieser Tage in %:
100% ≙ 30 Tage
1% ≙ 0,3 Tage
x% ≙ 16 Tage ⇒ 16 : 0,3 ≈ 53,3%

Teil A

Aufgabe 1

a) ▶ Jeans: 20% von 40 € = 40 € : 100 · 20 = 8 €
40 € – 8 € = 32 € ⇒ richtig!

▶ T-Shirt: 25% von 32 € = $\frac{1}{4}$ von 32 € = 8 €
32 € – 8 € = 24 € ⇒ richtig!

▶ Hemd: 30% von 60 € = 60 € : 100 · 30 = 18 €
60 € – 18 € = 42 € ⇒ falsch!

b) $p = \frac{48\,€ \cdot 100}{80\,€} = 60\%$

$p = \frac{PW \cdot 100}{GW}$

100% – 60% = 40%

⇒ Schuhe: -40%

Aufgabe 2

a) $0{,}5 \cdot (16x + 5) + 8{,}5 = 6 + x - (5 - 3x) \cdot 2$

$8x + 2{,}5 + 8{,}5 = 6 + x - \boxed{5} + 6x$ ⇒ $8x + 2{,}5 + 8{,}5 = 6 + x - \boxed{10} + 6x$

$8x + 11 = 7x - 4$ | – 7x | – 11

$x = -15$

b) $2 \cdot (12x - 3) = 3x - (2 - 4x)$

$24x - 6 = 3x - 2 \, \textcircled{+} \, 4x$

☒ Vorzeichenregel beim Auflösen der Klammer

Aufgabe 3

Berechnung von ∢ γ:

$\gamma = 360° - 55° - 135° - 135° = 35°$

Im Parallelogramm sind gegenüberliegende Winkel gleich groß.
$\beta = \delta = 135°$, aber $\alpha \neq \gamma$ $(55° \neq 35°)$

⇒ Das Viereck kann also kein Parallelogramm sein.

Aufgabe 4

a) ☒ 22 000 m = 22 km (in 2 h)
(11 km pro Stunde sind realistisch.)

b) ☒ 0,017 t = 17 kg

c) ☒ 200 ml (1 l = 1000 ml)

d) ☒ 0,205 kg = 205 g
(Denn ein Taschenrechner wiegt deutlich unter 1 kg!)

Aufgabe 5

Fläche des Rechtecks:
$A_R = 1\text{ dm} \cdot 7\text{ dm} = 7\text{ dm}^2$

Fläche des großen Halbkreises:
$A_g = \frac{2\text{ dm} \cdot 2\text{ dm} \cdot 3}{2} = 6\text{ dm}^2$

$A_{Halbkreis} = \frac{r^2 \cdot \pi}{2}$

Fläche des kleinen Halbkreises:
$A_k = \frac{1\text{ dm} \cdot 1\text{ dm} \cdot 3}{2} = 1{,}5\text{ dm}^2$

Fläche des halben Kreisrings:
$A_{HK} = A_g - A_k = 6\text{ dm}^2 - 1{,}5\text{ dm}^2 = 4{,}5\text{ dm}^2$

Fläche des Buchstabens:
$A_R + A_{HK} = 7\text{ dm}^2 + 4{,}5\text{ dm}^2 = 11{,}5\text{ dm}^2$

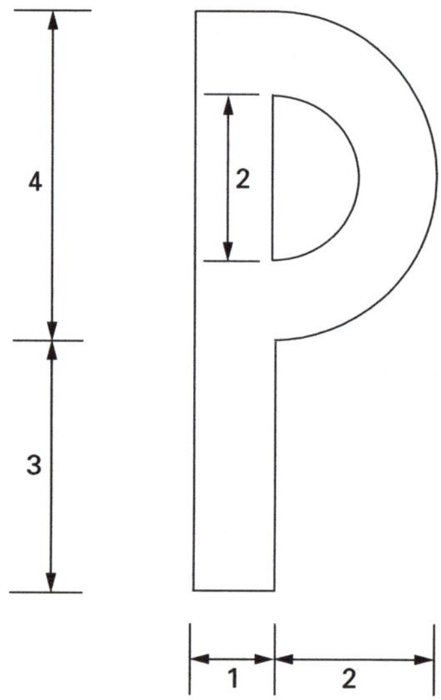

Aufgabe 6

2.9. —(+ 7)→ 9.9. —(+ 7)→ 16.9. —(+ 7)→ 23.9. – 24.9. – 25.9. – 26.9. – 27.9.
Mo Mo Mo Mo Di Mi Do Fr

Der 27. September 2019 war ein Freitag.

Aufgabe 7

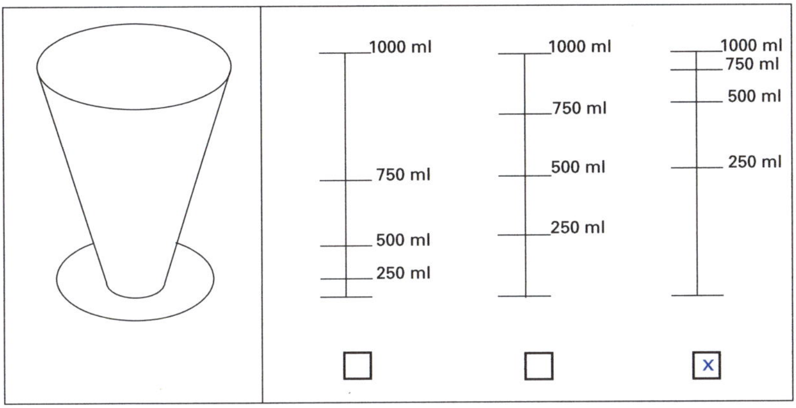

Der Durchmesser des Messbechers wird von unten nach oben größer.
Dadurch verschiebt sich auch die Höhe des zu messenden Volumens nach oben.

Aufgabe 8

Die Höhe des Dreiecks entspricht der Hälfte der Quadratseite.

$h_\Delta = \frac{1}{2} \cdot a = 5\text{ cm}$

$A_\Delta = 10\text{ cm} \cdot 5\text{ cm} \cdot \frac{1}{2} = 25\text{ cm}^2$

oder

$A_\square = 10\text{ cm} \cdot 10\text{ cm} = 100\text{ cm}^2$; $A_\Delta = \frac{1}{4} \cdot A_\square = 25\text{ cm}^2$

> $A_\Delta = \frac{1}{2} g \cdot h$
> $A_\square = a^2$

Aufgabe 9

$14{:}00 \xrightarrow{-15\text{ min}} \xrightarrow{-20\text{ min}} 13{:}25$ Uhr

Sie muss spätestens mit dem Zug um 13:02 Uhr fahren, damit sie um 13:19 Uhr in Nürnberg ankommt.

Aufgabe 10

a) $\sqrt{0{,}25}$ $\boxed{>}$ $0{,}4$ (da $\sqrt{0{,}25} = 0{,}5$)

b) $\frac{3}{8}$ $\boxed{>}$ $2{,}5 \cdot 10^{-2}$ (da $\frac{3}{8} = 0{,}375$ und $2{,}5 \cdot 10^{-2} = 0{,}025$)

Aufgabe 11

Abmessen der Streckenlänge in der Karte:
München – Nürnberg: 3 cm
Passau – Aschaffenburg: 7 cm

Berechnung der tatsächlichen Entfernung:

3 cm ≙ 150 km
1 cm ≙ 50 km
7 cm ≙ 50 km · 7 = 350 km

Aufgabe 12

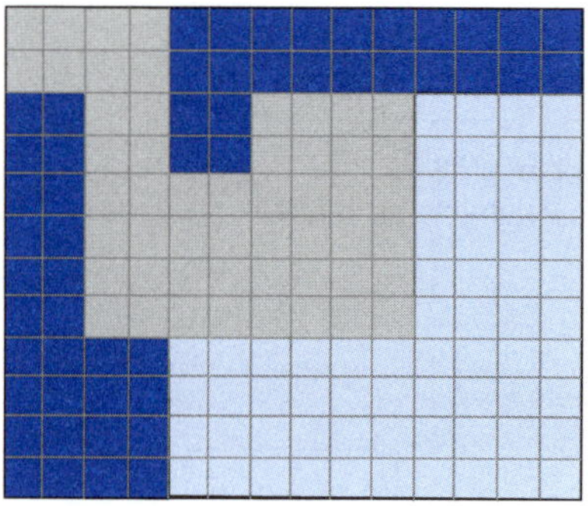

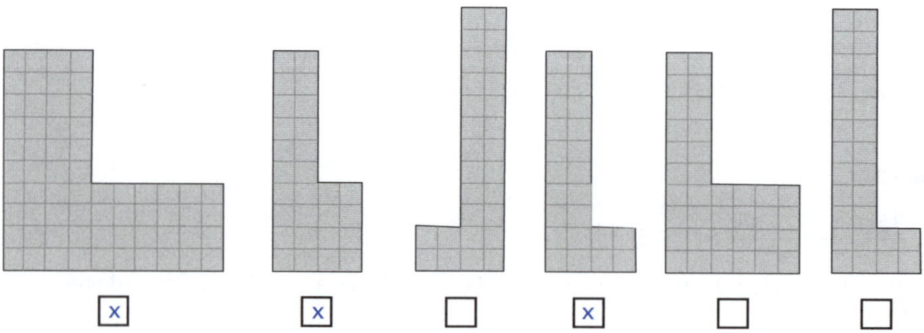

Teil B

Aufgabengruppe I

Aufgabe 1

Basketbälle: x
Fußbälle: x – 10
Volleybälle: 0,5 x
} 120

Gleichung:

$$x + x - 10 + 0{,}5x = 120 \quad | + 10$$
$$2{,}5x = 130 \quad | : 2{,}5$$
$$x = 52$$

Es werden gekauft:
Basketbälle: 52
Fußbälle: 52 – 10 = 42
Volleybälle: 52 · 0,5 = 26

Aufgabe 2

a) 100% ≙ 169
1% ≙ 1,69
x% ≙ 22 ⇒ x = 22 : 1,69 ≈ 13%

13% der Tore wurden 2018 durch Elfmeter erzielt.

oder **Formel**:

$$p = \frac{22 \cdot 100}{169} \approx 13\%$$

$$p = \frac{PW \cdot 100}{GW}$$

b) Durchschnittlich durch Elfmeter erzielte Tore:
(13 + 9 + 12 + 22) : 4 = 14

Je Weltmeisterschaft wurden durchschnittlich 14 Tore durch Elfmeter erzielt.

Arithmetisches Mittel:

$$\bar{x} = \frac{\text{Summe aller Werte}}{\text{Anzahl der Werte}}$$

c) Insgesamt gegebene Elfmeter: 74
Verschossene Elfmeter: 18

74 ≙ 360°
$1 ≙ \frac{360°}{74} \approx 4{,}86°$
18 ≙ 4,86° · 18 ≈ 88°

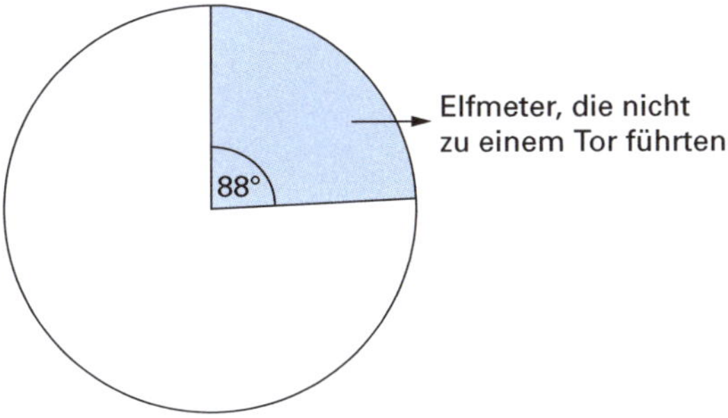

Aufgabe 3

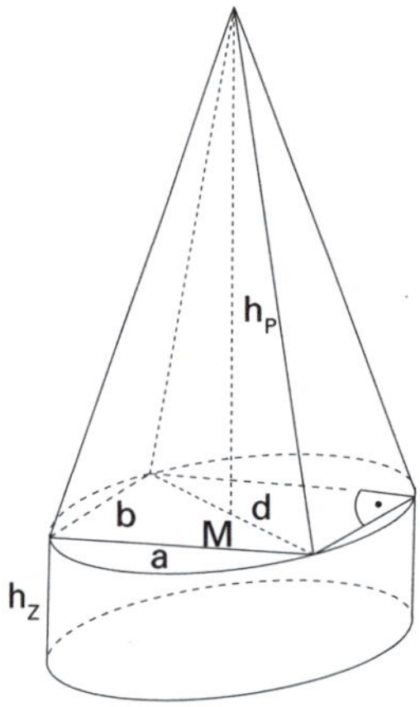

$h_P = 16$ cm
$b = 9$ cm
$a = 12$ cm
$h_Z = 4$ cm

Durchmesser des Zylinders:

$d^2 = a^2 + b^2$
$d^2 = (12\text{ cm})^2 + (9\text{ cm})^2 = 144\text{ cm}^2 + 81\text{ cm}^2 \quad | \sqrt{\ }$
$d = \sqrt{225\text{ cm}^2} = 15\text{ cm} \Rightarrow r = 7{,}5\text{ cm}$

Pythagoras:

$a^2 + b^2 = c^2$

Volumen des Zylinders:

$V_Z = (7{,}5\text{ cm})^2 \cdot 3{,}14 \cdot 4\text{ cm}$
$V_Z = 706{,}5\text{ cm}^3$

$V_Z = A \cdot h$
$= r^2 \cdot \pi \cdot h$

Volumen der Pyramide:

$V_P = \frac{1}{3} \cdot 9\text{ cm} \cdot 12\text{ cm} \cdot 16\text{ cm} = 576\text{ cm}^3$

$V_P = \frac{1}{3} \cdot A \cdot h$
$= \frac{1}{3} \cdot a \cdot b \cdot h$

Gesamtvolumen des Werkstücks:

$V_G = V_Z + V_P = 706{,}5\text{ cm}^3 + 576\text{ cm}^3 = 1282{,}5\text{ cm}^3$

Aufgabe 4

a) Berechnung des Mittelpunktwinkels γ:

$\gamma = 360° : 5 = 72°$

Berechnung der Basiswinkel α, β:

$\alpha = \beta = (180° - 72°) : 2 = 54°$

Winkelsumme im Dreieck:

$\alpha + \beta + \gamma = 180°$

(Im gleichschenkligen Dreieck sind die Basiswinkel gleich groß.)

Konstruktion:

(1) Zeichnen einer Fünfeckseite ($\overline{AB} = 4{,}5$ cm)
(2) Antragen der Winkel α und β
⇒ Schnittpunkt M = Mittelpunkt des Kreises
(3) Kreis um M mit $r = \overline{MA} = \overline{MB}$
(4) Abtragen der Strecke $\overline{AB}$ auf die Kreislinie
(5) Verbinden der Eckpunkte zum Fünfeck

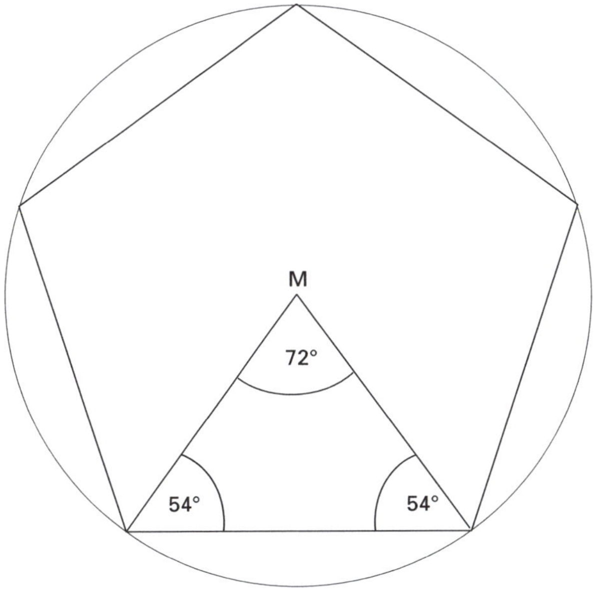

b) Seitenlänge des neuen Fünfecks:
$s = 29{,}5 \text{ cm} : 5 = 5{,}9 \text{ cm}$

Unterschied der Seitenlängen:
$5{,}9 \text{ cm} - 4{,}5 \text{ cm} = 1{,}4 \text{ cm}$

Die beiden Seitenlängen der Fünfecke unterscheiden sich um 1,4 cm.

Aufgabengruppe II

Aufgabe 1

$$\frac{2x+9}{5} - \frac{1}{2} \cdot (x-15) = \frac{3}{4} \cdot (13-7x) + 15$$

$$\frac{2x}{5} + \frac{9}{5} - \frac{1}{2}x + \frac{15}{2} = \frac{3 \cdot 13}{4} - \frac{3 \cdot 7x}{4} + 15$$

$$0{,}4x + 1{,}8 - 0{,}5x + 7{,}5 = 9{,}75 - 5{,}25x + 15$$

$$-0{,}1x + 9{,}3 = 24{,}75 - 5{,}25x \qquad | + 5{,}25x - 9{,}3$$

$$5{,}15x = 15{,}45 \qquad | : 5{,}15$$

$$x = 3$$

Aufgabe 2

a) Hotelkosten abzüglich Frühbucherrabatt:
100% ≙ 680 €
15% ≙ 680 € : 100 · 15 = 102 €
680 € – 102 € = 578 €

Preis abzüglich Skonto:
100% ≙ 578 €
98% ≙ 578 € : 100 · 98 = 566,44 €

Bei sofortiger Zahlung müssen sie für das Hotel 566,44 € bezahlen.

b) Restgeld nach Benutzung des Klettergartens:
75 € – 2 · 23,50 € = 28 €

Anzahl der möglichen Fahrkarten:
28 € : 5,70 € = 4,912 …

⇒ Es können höchstens 4 Fahrkarten gekauft werden.

Aufgabe 3

Berechnung der halben Quadratfläche:

$\frac{1}{2} \cdot A_{\square} = \frac{1}{2} \cdot 6\text{ cm} \cdot 6\text{ cm} = 18\text{ cm}^2$

$A_{\square} = a^2$

Berechnung der Höhe eines Parallelogramms:

$h^2 = (7{,}5\text{ cm})^2 - (6\text{ cm})^2 \qquad | \sqrt{\ }$

$h = \sqrt{20{,}25\text{ cm}^2} = 4{,}5\text{ cm}$

$a^2 + b^2 = c^2$

Fläche eines Parallelogramms:

$A_P = 6\text{ cm} \cdot 4{,}5\text{ cm} = 27\text{ cm}^2$

$A_P = g \cdot h$

Gesamtfläche:

$A_G = \frac{1}{2} \cdot A_{\square} + 4 \cdot A_P$

$A_G = 18\text{ cm}^2 + 4 \cdot 27\text{ cm}^2 = 126\text{ cm}^2$

Aufgabe 4

a)

Mietzeit in Jahren	2	**5**	8	12
Miete für den Akku in €	**1600 €**	4000	**6400 €**	9600

Miete in 2 Jahren: 800 € · 2 = 1600 €
Miete in 8 Jahren: 800 € · 8 = 6400 €
Mietzeit bei 4000 € Miete: 4000 € : 800 € = 5 Jahre

b)

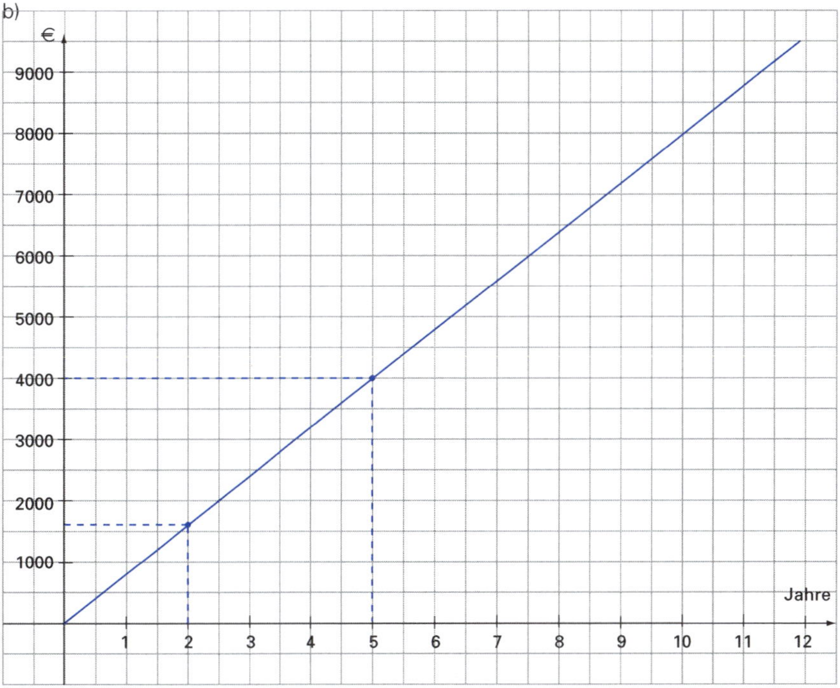

Maßstab: verkleinert

c) Kosten bei Kauf mit Akku: 29 860 €
Kosten bei Kauf ohne Akku in 9 Jahren:
21 460 € + 9 · 800 € = 28 660 €
28 660 € < 29 860 €
⇒ Angebot B ist für die Nutzung über 9 Jahre günstiger!

Aufgabengruppe III

Aufgabe 1

$$12 \cdot (1{,}3x + 10{,}4) - 3 \cdot (2x - 3) = (8{,}1x + 2 \cdot 7{,}2) : 0{,}2$$
$$15{,}6x + 124{,}8 - 6x + 9 = 40{,}5x + 72$$
$$9{,}6x + 133{,}8 = 40{,}5x + 72 \quad | -9{,}6x - 72$$
$$61{,}8 = 30{,}9x \quad | : 30{,}9$$
$$2 = x$$

Aufgabe 2

a) Abfälle von Bauarbeiten 2016: 100% $\triangleq$ 199 Mio. t
111,5% $\triangleq$ 199 Mio. t : 100 · 111,5 ≈ 222 Mio. t

b) Abfälle aus Privathaushalten 2012: 108% $\triangleq$ 54 Mio. t
100% $\triangleq$ 54 Mio. t : 108 · 100 = 50 Mio. t

c) Gesamte Abfallmenge 2016: 14% $\triangleq$ 58 Mio. t
100% $\triangleq$ 58 Mio. t : 14 · 100 ≈ 414 Mio. t

Aufgabe 3

Konstruktion:

a) (1) Zeichnen von A und B und Verbindung zur Strecke $\overline{AB}$
(2) Kreise um A und B mit $r = \overline{AB} \Rightarrow C$
(3) Verbindung von A und B mit C

b) (4) Kreise um A und B mit $r > \overline{AM}$ und Verbindung der Schnittpunkte $\Rightarrow M$

c) (5) Kreis um M mit $r = \overline{MB} \Rightarrow D$
(6) Kreise um D und B mit $r = \overline{MB} \Rightarrow E$
und Verbindung von E mit D und B

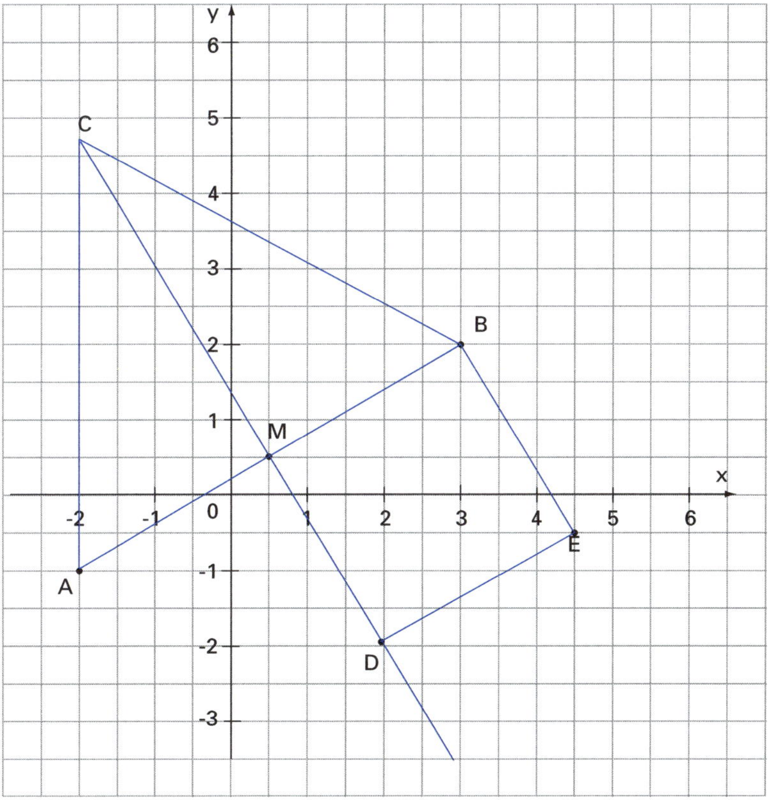

Aufgabe 4

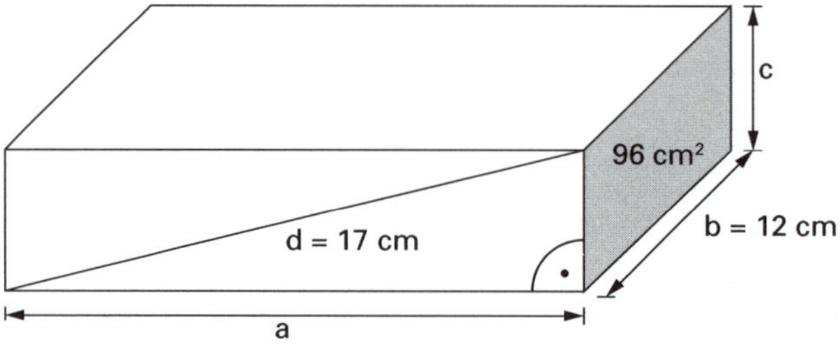

Berechnung der Seitenlänge c:

$c = 96\ cm^2 : 12\ cm = 8\ cm$

$A_{Rechteck} = a \cdot b$

Berechnung der Seitenlänge a:

$a^2 = d^2 - c^2$

$a^2 = (17\ cm)^2 - (8\ cm)^2 \quad | \sqrt{\ }$

$a = \sqrt{225\ cm^2} = 15\ cm$

$a^2 + b^2 = c^2$

Berechnung der Oberfläche:

$O = 2 \cdot a \cdot c + 2 \cdot b \cdot c + 2 \cdot a \cdot b$

$O = 2 \cdot 15\ cm \cdot 8\ cm + 2 \cdot 96\ cm^2 + 2 \cdot 15\ cm \cdot 12\ cm$

$O = 240\ cm^2 + 192\ cm^2 + 360\ cm^2$

$O = 792\ cm^2$

Teil A

Aufgabe 1

Kühlschrank:
100 % ≙ 420 €
10 % ≙ 42 €
Neuer Preis: 420 € – 42 € = 378 €

Waschmaschine:
100 % ≙ 600 €
Preisnachlass: 600 € – 570 € = 30 €

$$p = \frac{PW \cdot 100}{GW}$$

$$p = \frac{30\,€ \cdot 100}{600\,€} = 5\,\%$$

Mikrowellengerät:
80 % ≙ 160 €
1 % ≙ 2 €
100 % ≙ 200 € (alter Preis)

Aufgabe 2

0,5	x: 1	0,3
y: 0,4	0,6	z: 0,8
0,9	0,2	w: 0,7

1. $0{,}9 + 0{,}6 + 0{,}3 = 1{,}8$
2. $0{,}6 + 0{,}2 + x = 1{,}8$
   $x = 1{,}8 - 0{,}8 = 1$
3. $0{,}5 + 0{,}9 + y = 1{,}8$
   $y = 1{,}8 - 1{,}4 = 0{,}4$
4. $0{,}4 + 0{,}6 + z = 1{,}8$
   $z = 1{,}8 - 1 = 0{,}8$
5. $0{,}9 + 0{,}2 + w = 1{,}8$
   $w = 1{,}8 - 1{,}1 = 0{,}7$

Aufgabe 3

a) ☒ 25 cm

b) ☒ 18 Liter (220 dm^3 ≙ 220 l; 0,3 m^3 ≙ 300 l → unrealistisch!)

c) ☒ 50 dm^2 (500 cm^2 ≙ 5 dm^2; 5 m^2 ≙ 500 dm^2 → unrealistisch!)

Aufgabe 4

a) $4^2 = 16$, $\sqrt{169} = 13$ } 4^2 [>] $\sqrt{169}$

b) $3{,}4 \cdot 10^{-2}$ [=] $0{,}034$

c) $\frac{2}{4} = \frac{14}{28}$, $\frac{3}{7} = \frac{12}{28}$ } $\frac{2}{4}$ [>] $\frac{3}{7}$

Aufgabe 5

a)
$$\begin{aligned} 36x + 24 + 7x &= 3x + 90 - 16 + 20x \\ 43x + 24 &= 23x + 74 && | -24 \\ 43x &= 23x + 50 && | -23x \\ 20x &= 50 && | :20 \\ x &= 2{,}5 \end{aligned}$$

b)
$$\begin{aligned} -3x - 15 &= -8x - 5 && | +8x \\ 5x - 15 &= -5 && | +15 \\ 5x &= 10 && | :5 \\ x &= 2 \end{aligned}$$

Aufgabe 6

a) $\delta = 360° - 70° - 110° - 70°$
$= 360° - 250° = 110°$

Winkelsumme im Viereck:

$\alpha + \beta + \gamma + \delta = 360°$

b) [x] Quadrat

In einem Quadrat sind alle Winkel gleich groß (90°).

Aufgabe 7

Die Fläche des Buchstabens besteht aus einem Rechteck und einem Kreisring.

Flächeninhalt des Rechtecks:

$A_R = 3\ \text{dm} \cdot 1\ \text{dm} = 3\ \text{dm}^2$

$A_R = a \cdot b$

Flächeninhalt des Kreisrings:

$A_{KR} = (2\ \text{dm})^2 \cdot 3 - (1\ \text{dm})^2 \cdot 3$
$= 12\ \text{dm}^2 - 3\ \text{dm}^2 = 9\ \text{dm}^2$

$A_{KR} = A_{gr.K} - A_{kl.K}$
$= r_1^2\pi - r_2^2\pi$

Flächeninhalt des Buchstabens:

$A = A_R + A_{KR} = 3\ dm^2 + 9\ dm^2 = 12\ dm^2$

Aufgabe 8

7. Juli Dienstag $\xrightarrow{+7\ T}$ 14. Juli Dienstag $\xrightarrow{+7\ T}$ 21. Juli Dienstag $\xrightarrow{+6\ T}$ 27. Juli Montag

Der 27. Juli war ein Montag.

Aufgabe 9

Durchmesser des Kreises:
$d = 60\ cm : 3 = 20\ cm \Rightarrow r = 10\ cm$
$d \triangleq a_{Qu}$

$u = d \cdot \pi$
$d = u : \pi$

$A_K = r^2\pi$

Flächeninhalt des Kreises:
$A_{Kreis} = 10\ cm \cdot 10\ cm \cdot 3 = 300\ cm^2$

Flächeninhalt des Quadrats:
$A_{Qu} = 20\ cm \cdot 20\ cm = 400\ cm^2$

$\Rightarrow A_{Kreis} \neq \frac{1}{4} A_{Qu}$

$\Rightarrow$ a) falsch
b) richtig
c) richtig

Aufgabe 10

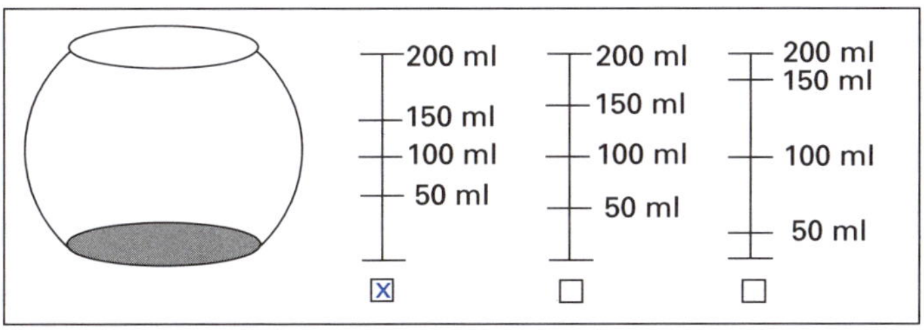

Es kommt nur die 1. Skala infrage.
Der Flächeninhalt der Grundfläche (Deckfläche) ist wesentlich kleiner als der des Querschnitts in der Mitte. Somit muss die Höhe größer sein, um das gleiche Volumen zu erhalten.

Aufgabe 11

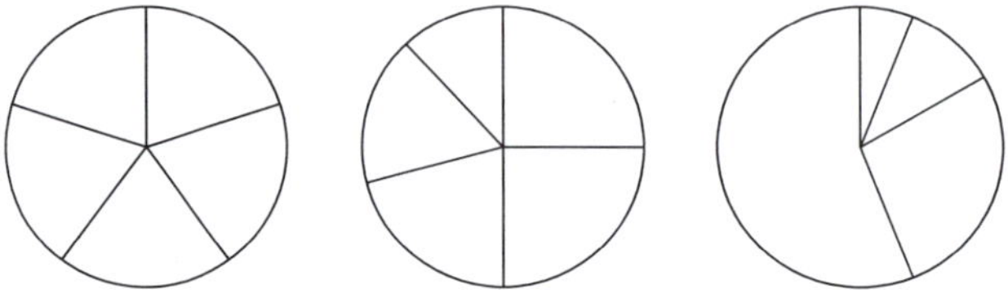

☐ ☒ ☐

Das mittlere Kreisdiagramm ist das einzige mit 2 gleich großen Sektoren.

(60 von 240 ≙ 25 % ≙ $\frac{1}{4}$)

Aufgabe 12

Länge der Wale in der Darstellung:
Blauwal: ca. 12 cm
Orca: ca. 4 cm

Reale Länge des Orcas:
12 cm ≙ 24 m
1 cm ≙ 24 m : 12 = 2 m
4 cm ≙ 2 m · 4 = 8 m

Teil B

Aufgabengruppe I

Aufgabe 1

$3{,}2 \cdot (x + 14{,}5) - 2 \cdot (-0{,}5 + 0{,}3x) = (96x + 5 \cdot 0{,}64) : 8$ | Klammern ausmultiplizieren

$3{,}2x + 46{,}4 + 1 - 0{,}6x = 12x + 0{,}4$ | zusammenfassen

$2{,}6x + 47{,}4 = 12x + 0{,}4$ | $-2{,}6x - 0{,}4$

$47 = 9{,}4x$ | $: 9{,}4$

$5 = x$

Aufgabe 2

a) Durchschnittliche Anzahl der verkauften Tablets in Millionen:

$$\overline{x} = \frac{30{,}4 + 32{,}5 + 37{,}6 + 43{,}5}{12} = \frac{144}{12} = 12$$

2019 wurden monatlich durchschnittlich 12 Millionen Tablets verkauft.

Arithmetisches Mittel:

$$\overline{x} = \frac{\text{Summe aller Werte}}{\text{Anzahl der Werte}}$$

b) Grundwert: 144 Millionen Tablets
100 % ≙ 144 Millionen
1 % ≙ 1,44 Millionen
x % = 43,5 Millionen

$x = 43{,}5 : 1{,}44 \approx 30{,}21\ \%$

c) Kreisdiagramm: 144 ≙ 360°
1. Quartal: 30,4 ≙ 360 : 144 · 30,4 = 76°
2. Quartal: 32,5 ≙ 360 : 144 · 32,5 ≈ 81°
3. Quartal: 37,6 ≙ 360 : 144 · 37,6 = 94°
4. Quartal: 43,5 ≙ 360 : 144 · 43,5 ≈ 109°

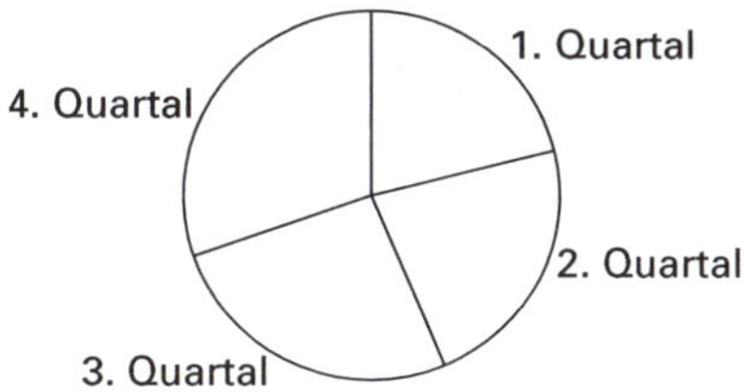

Aufgabe 3

Höhe der Grundseite der Dreieckssäule bzw. des Quaders:

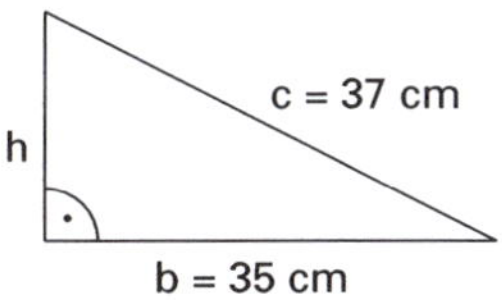

Pythagoras:

$a^2 + b^2 = c^2$

$h^2 = c^2 - b^2 = (37\text{ cm})^2 - (35\text{ cm})^2$
$h = \sqrt{144\text{ cm}^2} = 12\text{ cm}$

Volumen des Quaders:

$V_{Qu} = g \cdot t \cdot h = 60\text{ cm} \cdot 70\text{ cm} \cdot 12\text{ cm}$
$V_{Qu} = 50\,400\text{ cm}^3$

$V_{Qu} = a \cdot b \cdot c$

Volumen der Dreiecksprismen:

$2 \cdot V_D = 2 \cdot \frac{1}{2} \cdot h \cdot b \cdot t$
$= 12\text{ cm} \cdot 35\text{ cm} \cdot 70\text{ cm}$
$= 29\,400\text{ cm}^3$

$V_D = A_\triangle \cdot h = \frac{1}{2} \cdot a \cdot h_\triangle \cdot h$

Volumen des Werkstücks:

$V_{Ges.} = V_{Qu} + 2 \cdot V_D = 50\,400\text{ cm}^3 + 29\,400\text{ cm}^3$
$= 79\,800\text{ cm}^3$

Aufgabe 4

a) Angebot B:

Mietdauer in Monaten	3	4	12
Kosten inklusive einmaliger Anzahlung in €	125 €	150 €	350 €

Berechnung der Monate bei 125 € Gesamtkosten:

$$x \cdot 25\,€ + 50\,€ = 125\,€ \qquad | -50\,€$$
$$x \cdot 25\,€ = 75\,€ \qquad | : 25\,€$$
$$x = 3$$

Berechnung der Gesamtkosten bei 4 Monaten Miete:

Gesamtkosten = 50 € + 4 · 25 € = 150 €

Berechnung der Gesamtkosten bei 12 Monaten Miete:

Gesamtkosten = 50 € + 12 · 25 € = 350 €

b)

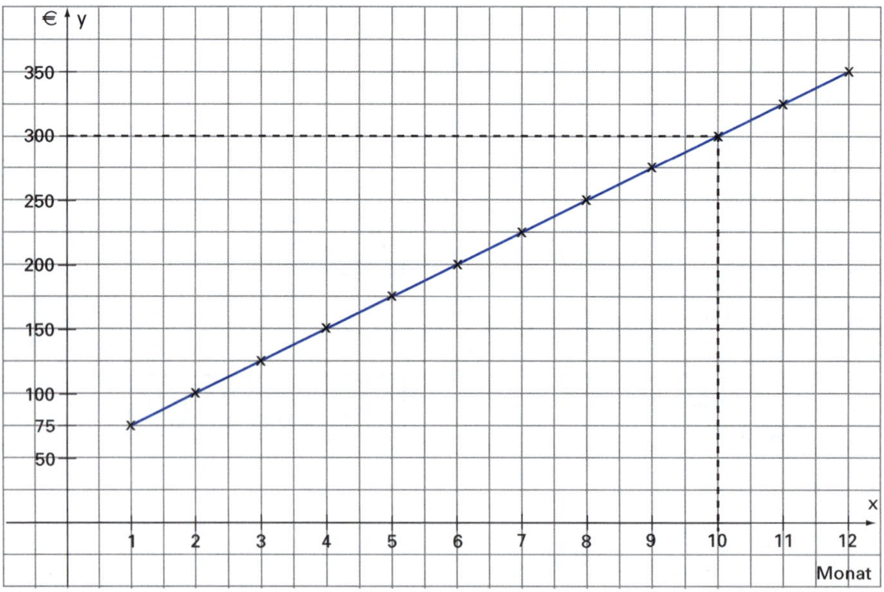

c) 300 € ≙ 10 Monate Miete
⇒ Ab dem 11. Monat ist es günstiger, sich das Tablet zu kaufen.

Aufgabengruppe II

Aufgabe 1

$$\left.\begin{array}{l}\text{rot: } x + 22 \\ \text{blau: } x \\ \text{gelb: } 2x\end{array}\right\} \quad 190$$

$$\begin{aligned} x + 22 + x + 2x &= 190 \qquad &|-22 \\ 4x &= 168 \qquad &|:4 \\ x &= 42 \end{aligned}$$

$\Rightarrow$ rot: 64
blau: 42
gelb: 84

Aufgabe 2

a) Fläche mit Buchenbestand:

$100\ \% \triangleq 28\,000\ km^2$
$1\ \% \triangleq 280\ km^2$
$14\ \% \triangleq 3920\ km^2$

$$PW = \frac{GW}{100} \cdot p$$

oder

$2800\ km^2 - 11\,760\ km^2 - 4760\ km^2 - 7560\ km^2 = 3920\ km^2$

b) Prozentualer Anteil von Fichten:

$100\ \% \triangleq 28\,000\ km^2$
$1\ \% \triangleq 280\ km^2$
$x\ \% \triangleq 11\,760\ km^2$

$$p = \frac{PW \cdot 100}{GW}$$

$x = 11\,760\ km^2 : 280\ km^2$
$x = 42\ \%$

c) Größe der Waldfläche mit sonstigen Baumarten im Jahr 1950:

$105\ \% \triangleq 7560\ km^2$
$1\ \% \triangleq 72\ km^2$
$100\ \% \triangleq 7200\ km^2$

d) $40\ \% \triangleq 28\,000\ km^2$
$1\ \% \triangleq 700\ km^2$
$100\ \% \triangleq 70\,000\ km^2$

Aufgabe 3

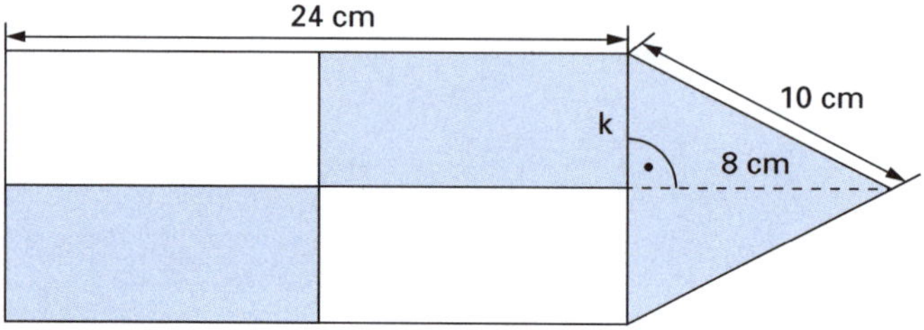

Kathete des rechtwinkligen Dreiecks (≙ Breite des Rechtecks):

$k^2 = (10\text{ cm})^2 - (8\text{ cm})^2$

$k = \sqrt{36\text{ cm}^2} = 6\text{ cm}$

Pythagoras:

$a^2 + b^2 = c^2$
$b^2 = c^2 - a^2$

Rechtecksflächen:

$2 \cdot A_R = 2 \cdot 12\text{ cm} \cdot 6\text{ cm} = 144\text{ cm}^2$

$A_R = a \cdot b$

oder:

großes Rechteck → $A_{gr.} = 2 \cdot k \cdot 24\text{ cm} = 12\text{ cm} \cdot 24\text{ cm} = 288\text{ cm}^2$

$2 \cdot A_R = \frac{1}{2} \cdot 288\text{ cm}^2 = 144\text{ cm}^2$

Dreiecksfläche:

$A_\Delta = \frac{1}{2} \cdot 2 \cdot 6\text{ cm} \cdot 8\text{ cm} = 48\text{ cm}^2$

$A_\Delta = \frac{a \cdot h}{2}$

Gesamtfläche:

$A_{Ges.} = 144\text{ cm}^2 + 48\text{ cm}^2 = 192\text{ cm}^2$

Aufgabe 4

a) Mittelpunktwinkel α:
$\alpha = 360° : 8 = 45°$

Basiswinkel:
$\beta = \gamma$ (gleichwinkliges Dreieck)
$\beta = (180° - 45°) \cdot \frac{1}{2} = 67{,}5° = \gamma$

Winkelsumme im Dreieck:

$\alpha + \beta + \gamma = 180°$

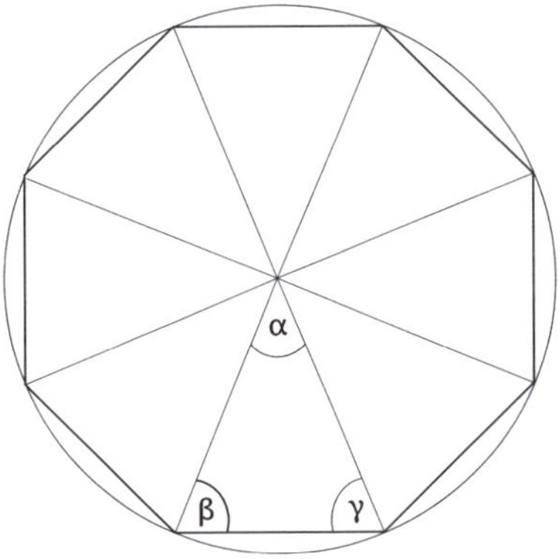

b) $u_{Achteck} = 4\text{ cm} \cdot 8 = 32\text{ cm} = u_{Rechteck}$

$u_{Achteck} = b \cdot 8$

z. B. $a = 10$ cm; $b = 6$ cm $\Rightarrow$ $u = 2 \cdot 10\text{ cm} + 2 \cdot 6\text{ cm} = 32\text{ cm}$
oder $a = 12$ cm; $b = 4$ cm $\Rightarrow$ $u = 2 \cdot 12\text{ cm} + 2 \cdot 4\text{ cm} = 32\text{ cm}$

$u_{Rechteck} = 2 \cdot a + 2 \cdot b$

Aufgabengruppe III

Aufgabe 1

$$\frac{1}{4} \cdot (5x - 18) + \frac{8 + 3x}{4} = 2{,}5 - (2x - 3) \quad | \cdot 4$$

$$5x - 18 + 8 + 3x = 10 - 8x + 12 \quad | \text{ zusammenfassen}$$

$$8x - 10 = 22 - 8x \quad | + 8x + 10$$

$$16x = 32 \quad | : 16$$

$$x = 2$$

Aufgabe 2

a) Kosten für Familie Arslan:

$$K = 28\,500\ € - \frac{1}{5} \cdot 28\,500\ €$$

$$= 28\,500\ € - 5700\ €$$

$$= 22\,800\ €$$

b) Rabatt:

$$100\ \% \triangleq 28\,500\ €$$

$$1\ \% \triangleq 285\ €$$

$$8\ \% \triangleq 2280\ €$$

Verkaufspreis:

$$V_P = 28\,500\ € - 2280\ € = 26\,220\ €$$

c) Benzinverbrauch:

Für 100 km → 13,5 l

Für 2350 km → 13,5 l : 100 km · 2350 km = 317,25 l

Fahrtkosten:

$$K = 317{,}25\ l \cdot 1{,}24\ \frac{€}{l} = 393{,}39\ €$$

Aufgabe 3

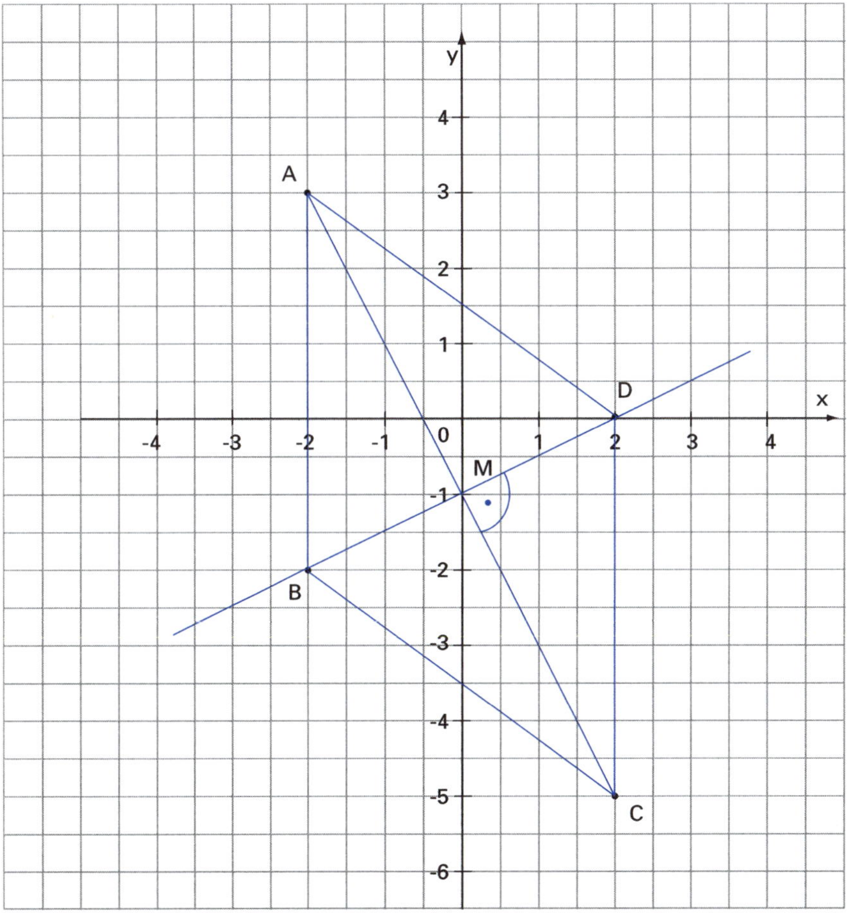

a) △ ABC ist ein gleichschenkliges (und stumpfwinkliges) Dreieck.

b) Senkrechte zu $\overline{AC}$ durch B ($\overline{AC} \perp \overline{BD}$)

c) $\overline{BM} = \overline{MD} \Rightarrow$ D (2 I 0)

Aufgabe 4

$O = 2 \cdot A + M = 2 \cdot A_{\triangle} + 3 \cdot A_{\square}$

Berechnung der Höhe des Dreiecks:

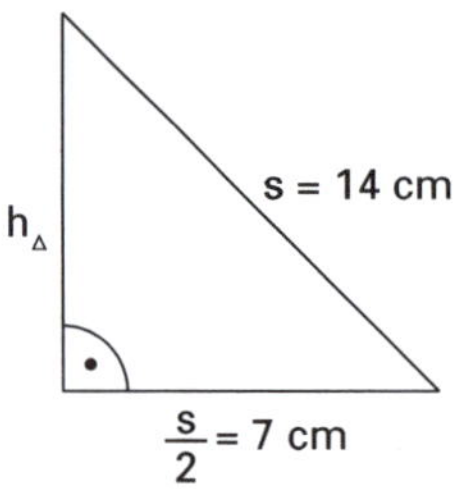

$$h_{\triangle}^2 = s^2 - \left(\frac{s}{2}\right)^2$$
$$= (14\ cm)^2 - (7\ cm)^2 \qquad \mid \sqrt{}$$
$$h_{\triangle}^2 = \sqrt{147\ cm^2} = 12{,}124\ cm \approx 12\ cm$$

Pythagoras:

$a^2 + b^2 = c^2$

Berechnung der Quadratfläche:

$A_{Qu} = s^2 = (14\ cm)^2 = 196\ cm^2$

$A_{Qu} = a \cdot a$

Berechnung der Dreiecksfläche:

$A_{\triangle} = \frac{1}{2} \cdot s \cdot h = \frac{1}{2} \cdot 14\ cm \cdot 12\ cm = 84\ cm^2$

$A_{\triangle} = \frac{1}{2} \cdot a \cdot h$

Oberfläche:

$O = 2 \cdot A_{\triangle} + 3 \cdot A_{\square} = 2 \cdot 84\ cm^2 + 3 \cdot 196\ cm^2$
$O = 756\ cm^2$

$O = 2 \cdot A + M$

Teil A

Aufgabe 1

a) $5{,}3 \cdot 4{,}2 = 22{,}26$

b) $138{,}19 - 79{,}36 = 58{,}83$

Aufgabe 2

$$V_K = \frac{1}{3} \cdot r^2 \cdot \pi \cdot h = \frac{1}{3} \cdot (3\text{ cm})^2 \cdot 3 \cdot 6\text{ cm} = 54\text{ cm}^3$$

$54\text{ cm}^3 = 0{,}054\text{ dm}^3$
$54\text{ cm}^3 = 54\,000\text{ mm}^3$

> $1\text{ dm}^3 = 1000\text{ cm}^3$
> $1\text{ cm}^3 = 1000\text{ mm}^3$

Aufgabe 3

$-3 \cdot (2y + 2) = -18$
$-6y \underline{+} 6 = -18$ $\qquad \underline{-6y - 6 = -18}$
$-6y = -12$
$y = 2$

Aufgabe 4

$100\ \% = 1{,}5\text{ m}$
$100\ \% \triangleq 150\text{ cm}$
: 100 ↓ $\quad$ ↓ : 100
$1\ \% \triangleq 1{,}5\text{ cm}$
· 20 ↓ $\quad$ ↓ · 20
$20\ \% \triangleq 30\text{ cm}$

Aufgabe 5

2 6 4 5 8 4 16 3 32 2

Aufgabe 6

$$A_D = 0{,}5 \cdot g \cdot h = 0{,}5 \cdot 6\text{ cm} \cdot 3\text{ cm} = 9\text{ cm}^2$$

Aufgabe 7

a) $-0{,}25 \cdot \boxed{(-4)} + 8 = 9$

b) $\boxed{-45} : 5 + 2 = -7$

Aufgabe 8

Eine Seife kostet: 4,90 € : 7 = 0,70 €

Dann kosten 20 Seifen: 20 · 0,70 € = 14 €

Aufgabe 9

Nährwertangabe	pro 100 Gramm	pro 25 Gramm
Kalorien	50	12,5
Koffein	52 mg	13 mg
Zucker	24 Gramm	6 Gramm

Aufgabe 10

[x] Das Volumen des Würfels ist dreimal so groß wie das Volumen der Pyramide.

Aufgabe 11

Alle Seiten sind mit jeweils 5 cm gleich lang. Alle Winkel sind 60° groß.

Aufgabe 12

Der Schuh ist ca. 5-mal so lang wie ein normaler Schuh. Daraus ergibt sich, dass ein Mann, dem dieser Schuh passt, ebenfalls 5-mal so groß sein müsste. Ein Mann ist ca. 1,80 m groß.

Beispiel: 5 · 1,80 m = 9,00 m

Teil B

Aufgabengruppe I

Aufgabe 1

a) $3 \cdot (x - 6) - 2 \cdot (6x - 3) = 27 + 8 + 1{,}5 \cdot (2x - 6)$ | ausklammern

$3x - 18 - 12x + 6 = 35 + 3x - 9$ | zusammenfassen

$-9x - 12 = 26 + 3x$ | + 9x

$-12 = 26 + 12x$ | – 26

$-38 = 12x$ | : 12

$x = -\frac{38}{12} = -\frac{19}{6} = -3\frac{1}{6}$

b) Currywurst: x
Steak: 3x
Burger: 15
$x + 3x + 15 = 135$

Aufgabe 2

$A_{ges} = A_{Halbkreis} + A_{Dreieck} + A_{Rechteck}$

$A_{Halbkreis} = \frac{1}{2} \cdot r^2 \cdot \pi$

$A_{Halbkreis} = \frac{1}{2} \cdot r^2 \cdot 3{,}14$

$A_{Halbkreis} = \frac{1}{2} \cdot (5\text{ cm})^2 \cdot 3{,}14$

$A_{Halbkreis} = 39{,}25\text{ cm}^2$

Berechnung von r über den Satz des Pythagoras:

$a^2 + c^2 = b^2$

$(8\text{ cm})^2 + (6\text{ cm})^2 = b^2$

$64\text{ cm}^2 + 36\text{ cm}^2 = b^2$

$100\text{ cm}^2 = b^2$ | $\sqrt{\ }$

$b = 10\text{ cm} \Rightarrow b = 2r \Rightarrow r = 5\text{ cm}$

$A_{Dreieck} = \frac{1}{2} \cdot g \cdot h$

$A_{Dreieck} = \frac{1}{2} \cdot 8\text{ cm} \cdot 6\text{ cm}$

$A_{Dreieck} = 24\text{ cm}^2$

$A_{Rechteck} = a \cdot e$

$A_{Rechteck} = 8\text{ cm} \cdot 12\text{ cm} = 96\text{ cm}^2$

$A_{ges} = A_{Halbkreis} + A_{Dreieck} + A_{Rechteck} = 39{,}25\text{ cm}^2 + 24\text{ cm}^2 + 96\text{ cm}^2 = 159{,}25\text{ cm}^2$

Aufgabe 3

a) $50 - 4 - 6 - 7 - 2 - 5 - 6 - 2 - 4 = 14$
Die „9" wurde 14-mal gewürfelt.

b) $M_{\text{teilbar durch 3}} = \{3; 6; 9\}$

c) Es gibt 6 Zahlen, die nicht durch 3 teilbar sind: 1, 2, 4, 5, 7, 8
Also gilt: $p = \frac{6}{9} \approx 0{,}666 = 66{,}6\ \%$

d) $\overline{x} = (4 \cdot 1 + 6 \cdot 2 + 7 \cdot 3 + 2 \cdot 4 + 5 \cdot 5 + 6 \cdot 6 + 2 \cdot 7 + 4 \cdot 8 + 14 \cdot 9) : 50 = 5{,}56$

Aufgabe 4

a)/b)

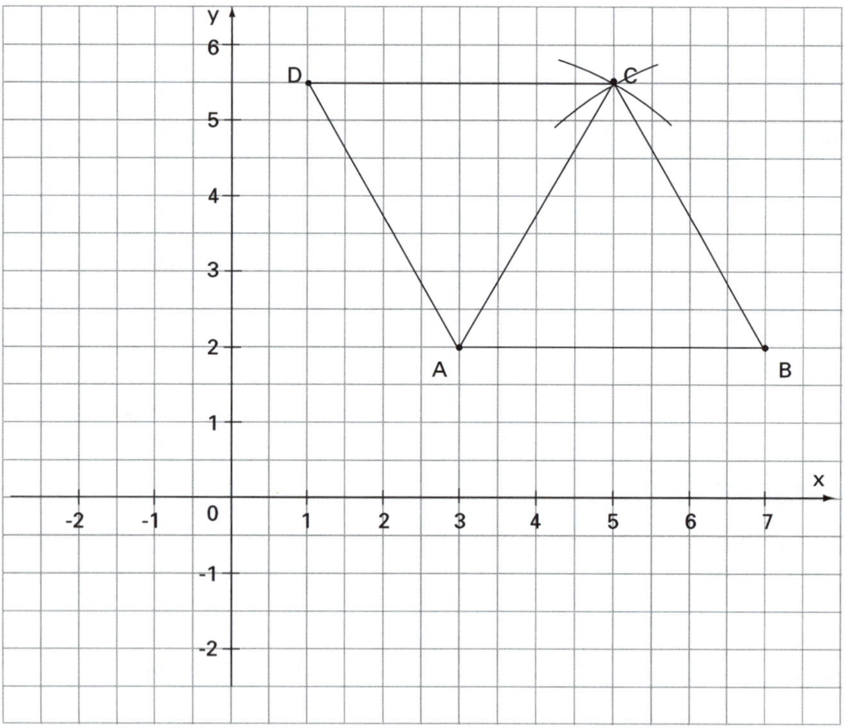

Aufgabe 5

a) Geg.: $K = 40\,000$ €; $p_1 = 3{,}5$ %
Ges.: Z_1

$$Z_1 = \frac{K \cdot p}{100} = \frac{40\,000\text{ €} \cdot 3{,}5}{100} = 1400\text{ €}$$

b) Geg.: $K = 40\,000$ €; $Z_2 = 1520$ €
Ges.: p_2

$$p_2 = \frac{1520\text{ €} \cdot 100}{40\,000\text{ €}} = 3{,}8\ \%$$

Aufgabe 6

a) $2\,800\,000\text{ dm} : 2 \cdot 10^{-3}\text{ dm} = 1\,400\,000\,000$

1 km = 1000 m = 10 000 dm

b) $1\,800\,000\text{ g} : 5 \cdot 10^{-3}\text{ g} = 360\,000\,000$

1 kg = 1000 g

Aufgabe 7

a) Anteil an Müll, den Getränke verursachen:
Zuerst benötigst du den Grundwert:

$34{,}2\ \% \triangleq 1\,496\,000\text{ kg}$
$: 34{,}2$ ↓ ↓ $: 34{,}2$
$1\ \% \triangleq 43\,742{,}69\text{ kg}$
$\cdot 100$ ↓ ↓ $\cdot 100$
$100\ \% \triangleq 4\,374\,269\text{ kg}$

$4\,374\,269\text{ kg} \triangleq 100\ \%$
$: 4\,374\,269$ ↓ ↓ $: 4\,374\,269$
$1\text{ kg} \triangleq 2{,}2 \cdot 10^{-5}\ \%$
$\cdot 466\,400$ ↓ ↓ $\cdot 466\,400$
$466\,400\text{ kg} \triangleq 10{,}26\ \%$

b) Menge an „Zubereitetes“, die auf dem Müll landet:

$100\ \% \triangleq 4\,374\,269\text{ kg}$
$: 100$ ↓ ↓ $: 100$
$1\ \% \triangleq 43\,742{,}69\text{ kg}$
$\cdot 16{,}2$ ↓ ↓ $\cdot 16{,}2$
$16{,}2\ \% \triangleq 708\,631\text{ kg}$

c) $100\ \% - 34{,}2\ \% - 3{,}7\ \% - 16{,}2\ \% - 13{,}8\ \% - 10{,}26\ \% - 9{,}4\ \% - 6{,}8\ \% = 5{,}64\ \%$

Der Anteil an sonstigem Müll beträgt 5,64 %. Würde man diesen Anteil halbieren, wären das weniger als 3 %, also deutlich weniger als 10 %, am Gesamtmüll. Nika hat daher nicht recht.

Aufgabe 8

a)

Zeit (h)	1	4	7	9
Lohn (€)	28,50	114	199,50	256,50

b) Meister Eckhardt: 240 €
Firma Stein: $6 \cdot 2 \cdot 19$ € + 30 € = 258 €

Da das Angebot von Meister Eckhardt insgesamt günstiger ist als das Angebot der Firma Stein, würde ich mich für Meister Eckhardt entscheiden.

c) Tabelle für Firma Stein:

Zeit (h)	1	4	7	10
Lohn (€)	19	76	133	190
Anfahrt (€)	30	30	30	30
Summe (€)	**49**	**106**	**163**	**220**

Aufgabengruppe II

Aufgabe 1

a)
$$-0{,}5 \cdot (x - 36) + (9x + 15) : (-3) = -1{,}5\,(x - 9) + 0{,}25\,(16 - 4x) \quad | \text{ ausklammern}$$
$$-0{,}5x + 18 - 3x - 5 = -1{,}5x + 13{,}5 + 4 - x \quad | \text{ zusammenfassen}$$
$$-3{,}5x + 13 = -2{,}5x + 17{,}5 \quad | + 2{,}5x$$
$$-x + 13 = 17{,}5 \quad | - 13$$
$$-x = 4{,}5 \quad | \cdot (-1)$$
$$x = -4{,}5$$

b) Mofa 1: $2x$
Mofa 2: x
Mofa 3: $3 \cdot (2x + x)$
Mofa 4: 400 €

$2x + x + 3 \cdot (2x + x) + 400$ € = 4400 €

Aufgabe 2

a) – d)

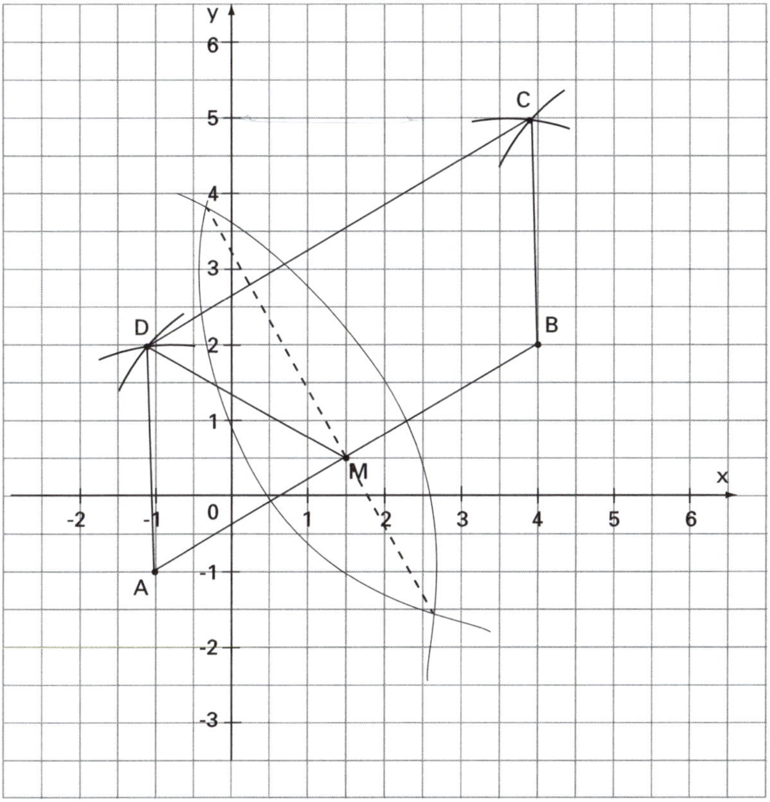

Aufgabe 3

a) Berechnung der Diagonale über den Satz des Pythagoras, denn die Diagonale ist die Hypotenuse im rechtwinkligen Dreieck:

$$l^2 + b^2 = d^2$$
$$(6\text{ cm})^2 + (4\text{ cm})^2 = d^2 \quad | \text{ ausklammern}$$
$$36\text{ cm}^2 + 16\text{ cm}^2 = d^2 \quad | \text{ zusammenfassen}$$
$$52\text{ cm}^2 = d^2 \quad | \sqrt{}$$
$$d \approx 7{,}21\text{ cm}$$

b) $V_{Quader} = l \cdot b \cdot h$
$V_{Quader} = 6\ cm \cdot 4\ cm \cdot 8\ cm = 192\ cm^3$

$V_{Quader} = V_{Zylinder}$
$V_{Zylinder} = r \cdot r \cdot h \cdot \pi$

$192\ cm^3 = 7{,}21\ cm \cdot 7{,}21\ cm \cdot 3{,}14 \cdot h$
$192\ cm^3 = 162{,}23\ cm^2 \cdot h$ $\quad | : 162{,}23\ cm^2$
$h \approx 1{,}18\ cm$

c) $O_{Quader} = 2\ (lb + lh + bh)$
$O_{Quader} = 2\ (6\ cm \cdot 4\ cm + 6\ cm \cdot 8\ cm + 4\ cm \cdot 8\ cm)$
$O_{Quader} = 2\ (24\ cm^2 + 48\ cm^2 + 32\ cm^2)$
$O_{Quader} = 2 \cdot 104\ cm^2$
$O_{Quader} = 208\ cm^2$

$O_{Zylinder} = 2 \cdot r^2 \cdot \pi + 2 \cdot r \cdot \pi \cdot h$
$O_{Zylinder} = 2 \cdot (7{,}21\ cm)^2 \cdot 3{,}14 + 2 \cdot 7{,}21\ cm \cdot 3{,}14 \cdot 1{,}18\ cm$
$O_{Zylinder} = 326{,}46\ cm^2 + 53{,}43\ cm^2$
$O_{Zylinder} = 379{,}89\ cm^2$

Aufgabe 4

a)/b)

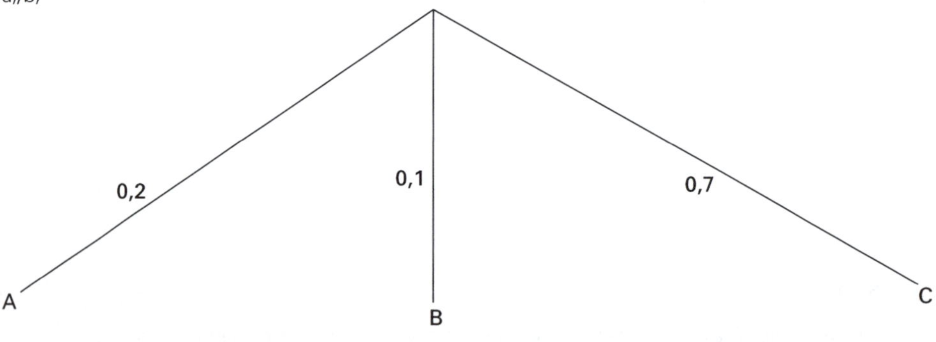

c) M = {AA, AB, AC, BA, BB, BC, CA, CB, CC}
d) Die Aussage ist zwar realistisch, aber Arjen benötigt schon sehr viel Glück, um wirklich sein ganzes Taschengeld zu verzehnfachen.

Aufgabe 5

Merkmal	Grundschüler/-innen			Mittelschüler/-innen
	Prozentwert	Prozentsatz	Grundwert	Prozentsatz
zu Fuß	92	23 %	400	35 %
Fahrrad	52	13 %	400	15 %
Bus	256	64 %	400	50 %

a) Der Grundwert in der Grundschule ist für alle Schüler/-innen gleich, nämlich 400.

Bus:	**Fahrrad:**	**zu Fuß:**
Prozentsatz: 400 = 100 % 1 = 0,25 % 256 = 64 %	Prozentwert: 400 – 256 – 92 = 52 Prozentsatz: 400 = 100 % 1 = 0,25 % 52 = 13 %	Prozentsatz: 400 = 100 % 1 = 0,25 % 92 = 23 %

b) Säulendiagramm für die Grundschüler/-innen:

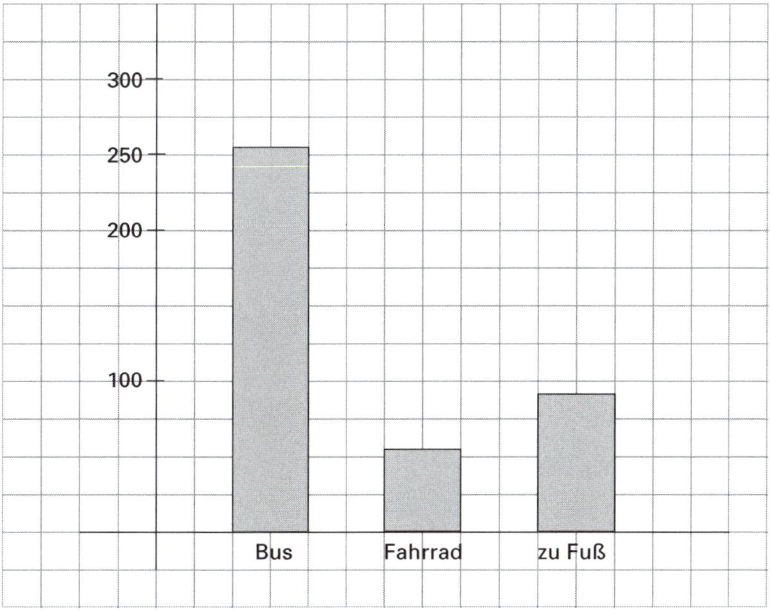

c) Kreisdiagramm für die Verteilung der Mittelschüler/-innen:

Bus:	**Fahrrad:**	**zu Fuß:**
: 100 (100 % ≙ 360°) : 100 1 % ≙ 3,6° · 50 (50 % ≙ 180°) · 50	: 100 (100 % ≙ 360°) : 100 1 % ≙ 3,6° · 15 (15 % ≙ 54°) · 15	: 100 (100 % ≙ 360°) : 100 1 % ≙ 3,6° · 35 (35 % ≙ 126°) · 35

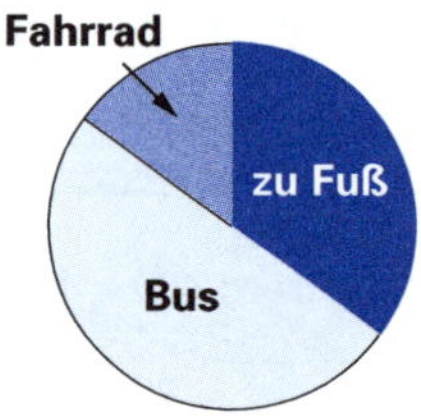

Aufgabe 6

a) $84 \cdot 360 \cdot 24 \cdot 60 \cdot 60 = 2\,612\,736\,000 \approx 2{,}6 \cdot 10^9$ s

b) 90 min $\cdot\ 60 = 5400$ s
$2{,}6 \cdot 10^9$ s : 5400 s $\approx 481\,481 \approx 4{,}8 \cdot 10^5$

c) $6{,}5 \cdot 10^9$ s $= 6\,500\,000\,000$ s
$6\,500\,000\,000$ s : 60 : 60 : 24 : 360 ≈ 209 Jahre

Aufgabe 7

a) **Firma A:** 250 € + 144 · 30 € = 4570 €
Firma B: 200 € + 144 · 25 € = 3800 €

Das Angebot der Firma B ist günstiger.

b) $250 + 30x = 200 + 25x \quad | -30x - 200$
$50 = -5x \quad | :5$
$x = -10 \quad \Rightarrow$ ungültiges Ergebnis

Angebot B ist immer günstiger.

Aufgabe 8

a) $\bar{x} = (8 + 11 + 13 + 14 + 10 + 8 + 8 + 4 + 2) : 9 = 78 : 9 = 8{,}6$

b) Vorbereitungen gesamt: $6 \cdot 9 = 54$
$54 - (9 + 8 + 8 + 6 + 6 + x + 5 + 3 + 3) = 54 - (48 + x)$
$x = 6$

Teil A

Aufgabe 1

a) $6{,}12 \cdot 4{,}0 = 24{,}48$

b) $549{,}78 - 84{,}88 = 464{,}9$

Aufgabe 2

☒ Ein Dreieck hat immer eine Winkelsumme von 180°.

☒ Es gibt Dreiecke mit zwei spitzen Winkeln.

☒ Es gibt keine Dreiecke mit zwei rechten Winkeln.

Aufgabe 3

$$
\begin{aligned}
2x + 1 &= 3x - 2 && \mid -2x \\
1 &= x - 2 && \mid +2 \\
x &= 3
\end{aligned}
$$

Aufgabe 4

☒ Jungen schauen am liebsten fern.

☒ Mehr als fünfmal so viele Mädchen wie Jungs gehen gerne shoppen.

Aufgabe 5

$$
\begin{aligned}
u_R &= 2a + 2b \\
30\text{ cm} &= 2 \cdot 5\text{ cm} + 2b \\
30\text{ cm} &= 10\text{ cm} + 2b && \mid -10\text{ cm} \\
20\text{ cm} &= 2b && \mid :2 \\
b &= 10\text{ cm}
\end{aligned}
$$

Aufgabe 6

3 h 20 min = 200 min
$9876\text{ mm}^2 = 0{,}9876\text{ dm}^2$
9,83 t = 9830 kg

Aufgabe 7

Lkw	1	2	4	8	32
Stunden	16	8	4	2	0,5

Aufgabe 8

10 %

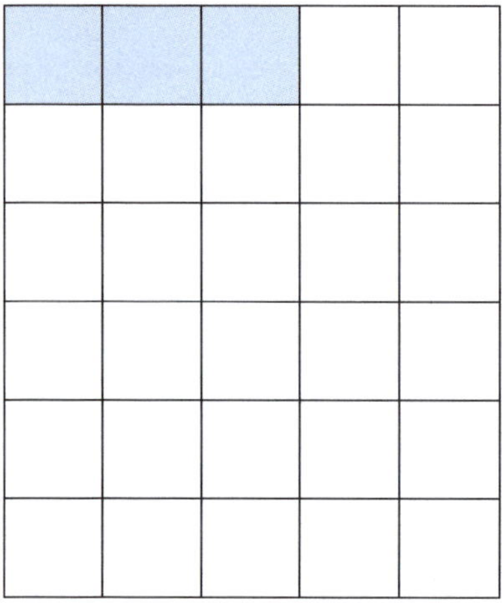

60 %

Aufgabe 9

-1 5 -3 7 -5 9 <u>-7</u> <u>11</u>

Aufgabe 10

$$
\begin{aligned}
3x - 2(x - 4) &= 5(x - 4) \\
3x - (2x - 8) &= 5x - 20 \\
3x - 2x + 8 &= 5x - 20 \\
x + 8 &= 5x - 20 \qquad | -x \\
8 &= 4x - 20 \qquad \underline{| -20} \qquad | +20 \\
-12 &= 4x \qquad | :4 \\
-3 &= x
\end{aligned}
$$

Aufgabe 11

[X] 8 400 000 000

Aufgabe 12

Eine Frau ist ca. 1,60 m groß. Das Eis ist ca. 1,00 m hoch.
In Wirklichkeit ist ein Eis ca. 10 cm hoch. Folglich müsste die Frau auch 10-mal so groß sein.
Also müsste die Frau 10 · 1,60 m = 16 m groß sein.

Teil B

Aufgabengruppe I

Aufgabe 1

$$\frac{2x+3}{3} - \frac{3x}{4} = \frac{5}{6} - (x-1) \cdot 2 + 2 \quad | \text{ HN } 12$$

$$4(2x+3) - 3 \cdot 3x = 2 \cdot 5 - 24(x-1) + 24 \quad | \text{ ausklammern}$$

$$8x + 12 - 9x = 10 - 24x + 24 + 24 \quad | \text{ zusammenfassen}$$

$$-x + 12 = 58 - 24x \quad | +x$$

$$12 = 58 - 23x \quad | -58$$

$$-46 = -23x \quad | :(-23)$$

$$x = 2$$

Aufgabe 2

2,54 cm · 50 = 127 cm
50 Zoll entsprechen 127 cm; das entspricht der Hypotenuse.

$$a^2 + b^2 = c^2$$

$$(63\text{ cm})^2 + b^2 = (127\text{ cm})^2$$

$$3969\text{ cm}^2 + b^2 = 16\,129\text{ cm}^2 \quad | -3969\text{ cm}^2$$

$$b^2 = 12\,160\text{ cm}^2 \quad | \sqrt{\ }$$

$$b = 110{,}27\text{ cm}$$

Der Bildschirm von Familie Barasi muss mindestens 110,27 cm breit sein.

Aufgabe 3

a) $V_{ges} = V_{Zylinder} + V_{Kegel}$

$V_{Zylinder} = r_Z^{\,2} \cdot \pi \cdot h_Z$
$V_{Zylinder} = (8\text{ cm})^2 \cdot 3{,}14 \cdot 9\text{ cm}$
$V_{Zylinder} = 1808{,}64\text{ cm}^3$

$V_{Kegel} = \frac{1}{3} r_K^{\,2} \cdot \pi \cdot h_K$
$V_{Kegel} = \frac{1}{3} (3\text{ cm})^2 \cdot 3{,}14 \cdot h_K$
$V_{Kegel} = \frac{1}{3} (3\text{ cm})^2 \cdot 3{,}14 \cdot 7{,}42\text{ cm}$
$V_{Kegel} = 69{,}9\text{ cm}^3$

$V_{ges} = 1808{,}64\text{ cm}^3 + 69{,}9\text{ cm}^3 = 1878{,}54\text{ cm}^3$

Berechnung h_K:
$r_K^{\,2} + h_K^{\,2} = s_K^{\,2}$
(Die Mantellinie entspricht hier der Hypotenuse.)
$h_K^{\,2} = s_K^{\,2} - r_K^{\,2}$
$h_K^{\,2} = (8\text{ cm})^2 - (3\text{ cm})^2$
$h_K^{\,2} = 64\text{ cm}^2 - 9\text{ cm}^2$
$h_K^{\,2} = 55\text{ cm}^2 \qquad |\sqrt{\ }$
$h_K \approx 7{,}42\text{ cm}$

b)
: 1878,54 — $1878{,}54\text{ cm}^3 \mathrel{\hat{=}} 100\ \%$ — : 1878,54
$1\text{ cm}^3 \mathrel{\hat{=}} 0{,}05\ \%$
· 1808,64 — $1808{,}64\text{ cm}^3 \mathrel{\hat{=}} 90{,}43\ \%$ — · 1808,64

Aufgabe 4

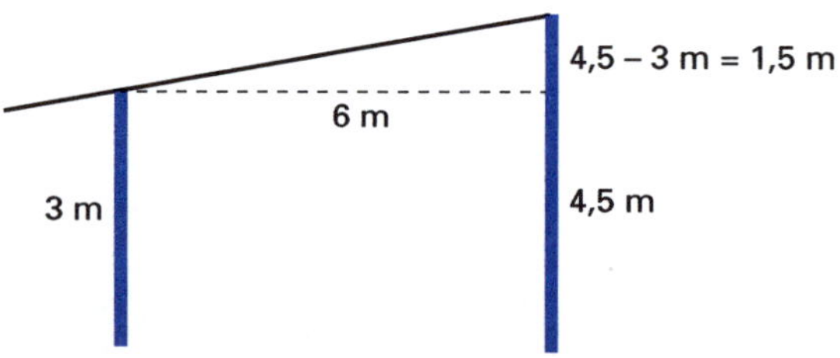

Zeichnung nicht maßstabsgetreu

a) Die 6 m Garagenbreite entspricht einer Kathete. Die Seite der anderen Kathete beträgt 1,50 m.
$a^2 + b^2 = c^2$
$(6\text{ m})^2 + (1{,}5\text{ m})^2 = c^2$
$36\text{ m}^2 + 2{,}25\text{ m}^2 = c^2$
$38{,}25\text{ m}^2 = c^2 \qquad |\sqrt{\ }$
$c \approx 6{,}18\text{ m}$
$6{,}18\text{ m} + 80\text{ cm} = 6{,}98\text{ m}$

b) $6{,}98\text{ m} \cdot 6\text{ m} = 41{,}88\text{ m}^2$

Aufgabe 5

a) $M_{\text{nicht weiß}} = \{s; r; b; g\}$

b) P(„größer 0,5“): Die gezogenen Kugeln sind schwarz, blau oder weiß.
P(„kleiner 0,5“): Die gezogene Kugel ist blau.

c) P(„rot“) $= \frac{1}{5} = 0{,}2 = 20\ \%$

d) Nein, sie hat nicht recht. Sie kann auch 20 Mal ziehen, ohne dabei eine rote Kugel zu erhalten, weil sie jedes Mal die gezogene Kugel wieder zurücklegt.

Aufgabe 6

a) 799 € + 499 € + 99 € + 79 € = 1476 €

$$\begin{aligned} &:116 \quad 116\ \% \triangleq 1476\ € \quad :116 \\ &\qquad\quad 1\ \% \triangleq 12{,}72\ € \\ &\cdot 119 \quad 119\ \% \triangleq 1513{,}68\ € \quad \cdot 119 \end{aligned}$$

b)

	PC	Monitor	Tastatur	Maus	Gesamt
Preis	799 €	499 €	99 €	79 €	1476 €
Anteil (gerundet)	54 %	34 %	7 %	5 %	100 %
Mittelpunkts-winkel	0,54 · 360° = 194,4°	0,34 · 360° = 122,4°	0,07 · 360° = 25,2°	0,05 · 360° = 18°	360°

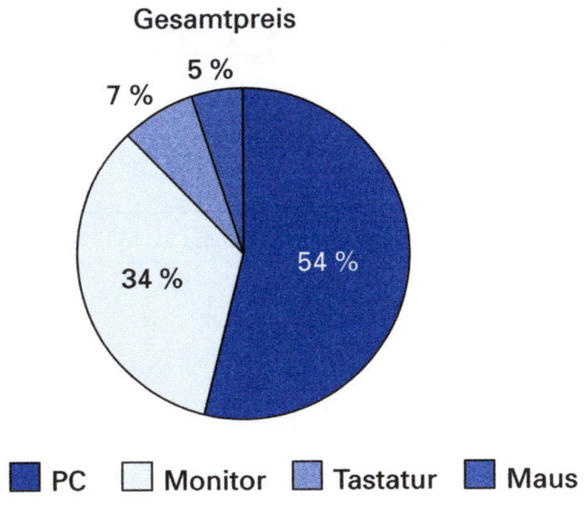

c) 1513,68 € · 0,965 = 1460,70 €
1513,68 € – 1460,70 € = 52,98 €

Der Preis wäre um 52,98 € günstiger.

Aufgabe 7

Yannick: $\frac{1}{3}x$
Bruno: x
Zlatan: $2\left(\frac{1}{3}x + x\right)$

$$\frac{1}{3}x + x + 2\left(\frac{1}{3}x + x\right) = 156 \qquad | \text{ ausklammern}$$
$$1\frac{1}{3}x + \frac{2}{3}x + 2x = 156 \qquad | \text{ zusammenfassen}$$
$$4x = 156 \qquad | :4$$
$$x = 39$$

Yannick: 13
Bruno: 39
Zlatan: 104

Aufgabe 8

a) $5{,}974 \cdot 10^{24}\ \text{kg} = 5{,}974 \cdot 10^{21}\ \text{t}$

b) $5{,}683 \cdot 10^{26}\ \text{kg} = 5{,}683 \cdot 10^{29}\ \text{g}$

1 t = 1000 kg 1 kg = 1000 g

c) $5{,}683 \cdot 10^{26}\ \text{kg} : 5{,}974 \cdot 10^{24}\ \text{kg} = 568{,}3 \cdot 10^{24}\ \text{kg} : 5{,}974 \cdot 10^{24}\ \text{kg} \approx 95{,}13$

Der Saturn ist circa 95-mal schwerer als die Erde.

Aufgabe 9

a)

	Schnellhorst	Schnelle Pauline
Grundpreis	3 €	4,50 €
Preis pro km	0,35 €	0,30 €
Preis pro 10 km	3,50 €	3,00 €
Preis pro 50 km	17,50 €	15,00 €

b)

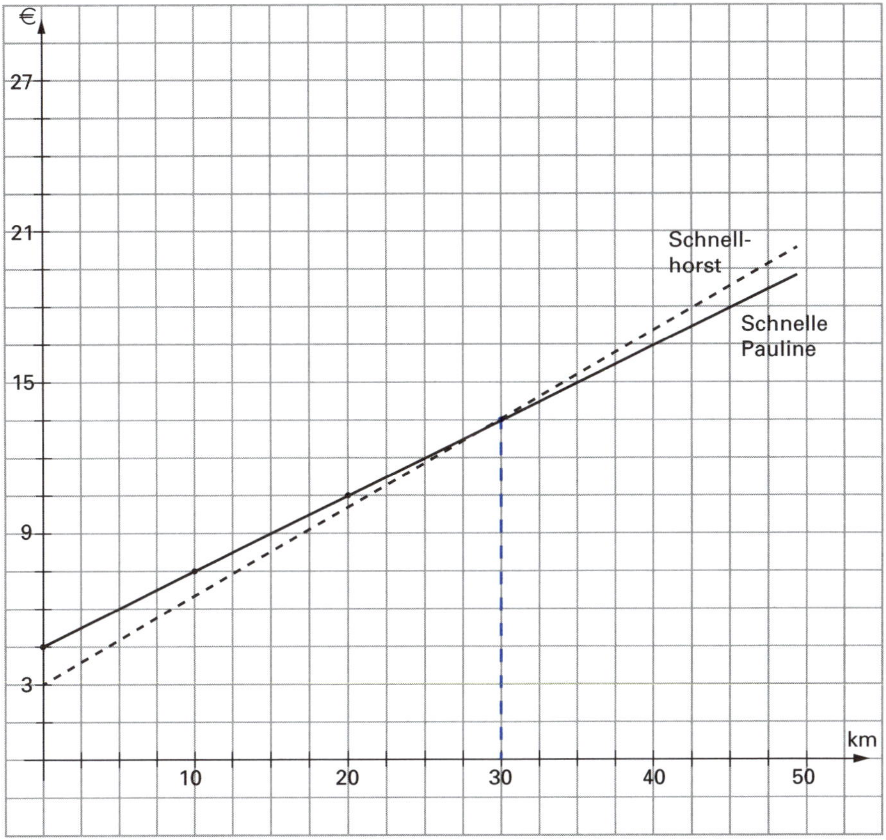

Aufgabengruppe II

Aufgabe 1

$$7{,}5\,(x-4)-(1{,}25x+6)\cdot 4=-3\,(x+6)+2\,(0{,}25x+32) \quad |\ \text{ausklammern}$$
$$7{,}5x-30-5x-24=-3x-18+0{,}5x+64 \quad |\ \text{zusammenfassen}$$
$$2{,}5x-54=-2{,}5x+46 \quad |\ +2{,}5x$$
$$5x-54=46 \quad |\ +54$$
$$5x=100 \quad |\ :5$$
$$x=20$$

Aufgabe 2

Ramona: 0,5x
Jutta: x
Simone: 4 (x + 0,5x)
Melanie: 2 (x + 0,5x)

$$0{,}5x+x+4\,(x+0{,}5x)+2\,(x+0{,}5x)=372\,750\ €\quad |\ \text{ausklammern}$$
$$0{,}5x+x+4x+2x+2x+x=372\,750\ € \quad |\ \text{zusammenfassen}$$
$$10{,}5x=372\,750\ € \quad |\ :10{,}5$$
$$x=35\,500\ €$$

Ramona: 17 750 €
Jutta: 35 500 €
Simone: 213 000 €
Melanie: 106 500 €

Aufgabe 3

a) – c)

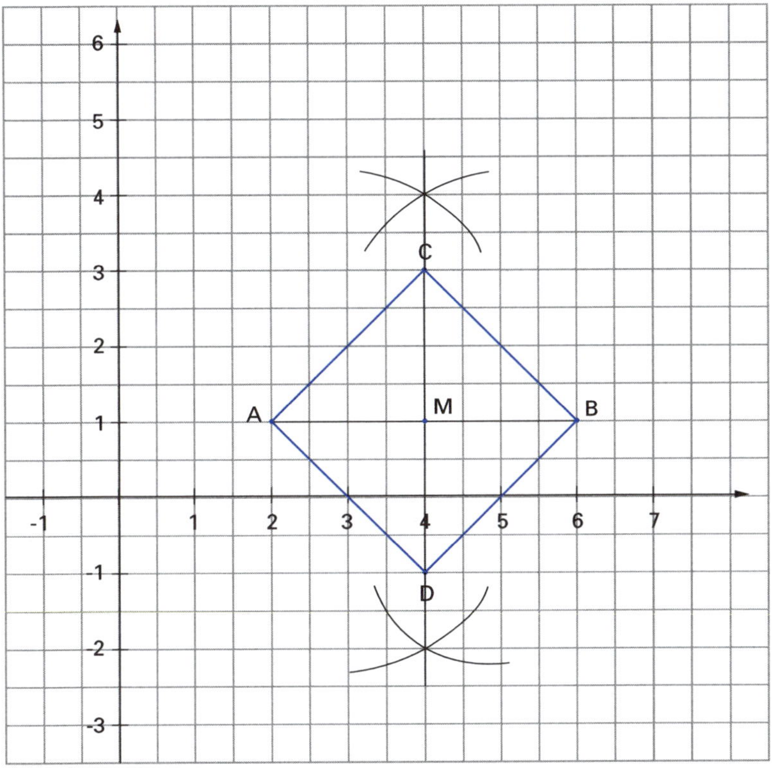

Aufgabe 4

Die gesamte Figur besteht aus einem Drachenviereck und vier Halbkreisen, wobei sich immer zwei Halbkreise zu einem Vollkreis ergänzen.

$A_{ges} = A_{Drachenviereck} + A_{Kreis\ groß} + A_{Kreis\ klein}$

Drachenviereck: $e = 8\text{ cm} + 3\text{ cm} = 11\text{ cm}$; $f = 4\text{ cm} + 4\text{ cm} = 8\text{ cm}$
$A_D = 0{,}5 \cdot e \cdot f$
$A_D = 0{,}5 \cdot 11\text{ cm} \cdot 8\text{ cm} = 44\text{ cm}^2$

Für die Radien der Kreise muss man den Satz des Pythagoras anwenden:
Kleiner Kreis: Der Durchmesser der kleinen Halbkreise entspricht im rechtwinkligen Dreieck der Hypotenuse:

$$a^2 + b^2 = c^2$$
$$(3\text{ cm})^2 + (4\text{ cm})^2 = c^2$$
$$9\text{ cm}^2 + 16\text{ cm}^2 = c^2$$
$$25\text{ cm}^2 = c^2 \quad | \sqrt{\ }$$
$$c = 5\text{ cm} \Rightarrow r_k = \frac{5\text{ cm}}{2} = 2{,}5\text{ cm}$$

Dadurch, dass man beide Halbkreise zu einem Vollkreis ergänzen kann, kann sofort die Fläche eines Vollkreises berechnet werden.
$A_{\text{Kreis klein}} = r_k^{\,2} \cdot \pi$
$A_{\text{Kreis klein}} = (2{,}5\text{ cm})^2 \cdot 3{,}14 = 19{,}6\text{ cm}^2$

Großer Kreis: Der Durchmesser der großen Halbkreise entspricht im rechtwinkligen Dreieck der Hypotenuse:

$$a^2 + b^2 = c^2$$
$$(4\text{ cm})^2 + (8\text{ cm})^2 = c^2$$
$$16\text{ cm}^2 + 64\text{ cm}^2 = c^2$$
$$80\text{ cm}^2 = c^2 \quad | \sqrt{\ }$$
$$c \approx 8{,}9\text{ cm} \Rightarrow r_g = \frac{8{,}9\text{ cm}}{2} = 4{,}45\text{ cm}$$

$A_{\text{Kreis groß}} = r_g^{\,2} \cdot \pi$
$A_{\text{Kreis groß}} = (4{,}45\text{ cm})^2 \cdot 3{,}14 \approx 62{,}2\text{ cm}^2$

$A_{\text{ges}} = 44\text{ cm}^2 + 62{,}2\text{ cm}^2 + 19{,}6\text{ cm}^2 = 125{,}8\text{ cm}^2$

Aufgabe 5

a) $M = \{71, 72, 73, 74, 75, 76, 77, 78\}$

b) $M_{\text{ungerade Zahl}} = \{1, 3, 5, 7\}$

c) P(„größer 0,5“): Die Zahl ist größer als 2.
P(„kleiner 0,5“): Die Zahl ist durch 3 teilbar.

Aufgabe 6

Kontinent	Afrika	Amerika	Asien	Australien	Europa	Welt
Bevölkerung in Mio.	2084	1060	5162,7	30,8	725	9062,5
Anteil in %	23	11,7	56,97	0,34	8	100

a) Beginne mit Europa, weil hier das Zahlenpaar bereits vorhanden ist.

8 % ≙ 725

1 % ≙ 90,625

100 % ≙ 9062,5 ⇒ Somit ist der Grundwert berechnet.

Afrika:

: 100 | 100 % ≙ 9062,5 | : 100
· 23 | 1 % ≙ 90,625 | · 23
| 23 % ≙ 2084 |

Amerika:

: 100 | 100 % ≙ 9062,5 | : 100
· 11,7 | 1 % ≙ 90,625 | · 11,7
| 11,7 % ≙ 1060 |

Asien:

: 9062,5 | 9062,5 ≙ 100 % | : 9062,5
· 5162,7 | 1 ≙ 0,011 % | · 5162,7
| 5162,7 ≙ 56,97 % |

Australien:

Bevölkerung:

9062,5 – 2084 – 1060 – 5162,7 – 725 = 30,8

: 9062,5 | 9062,5 ≙ 100 % | : 9062,5
· 30,8 | 1 ≙ 0,011 % | · 30,8
| 30,8 ≈ 0,34 % |

b) Kreisdiagramm:

Afrika:

: 100 | 100 % ≙ 360° | : 100
· 23 | 1 % ≙ 3,6° | · 23
| 23 % ≙ 82,8° |

Amerika:

: 100 | 100 % ≙ 360° | : 100
· 11,7 | 1 % ≙ 3,6° | · 11,7
| 11,7 % ≙ 42,1° |

Asien:

: 100 | 100 % ≙ 360° | : 100
· 56,97 | 1 % ≙ 3,6° | · 56,97
| 56,97 % ≙ 205,1° |

Australien:

: 100 | 100 % ≙ 360° | : 100
· 0,34 | 1 % ≙ 3,6° | · 0,34
| 0,34 % ≙ 1,2° |

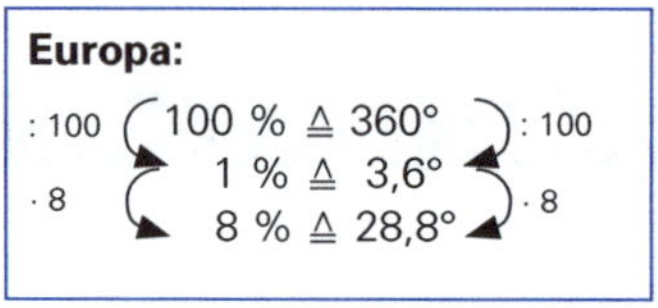

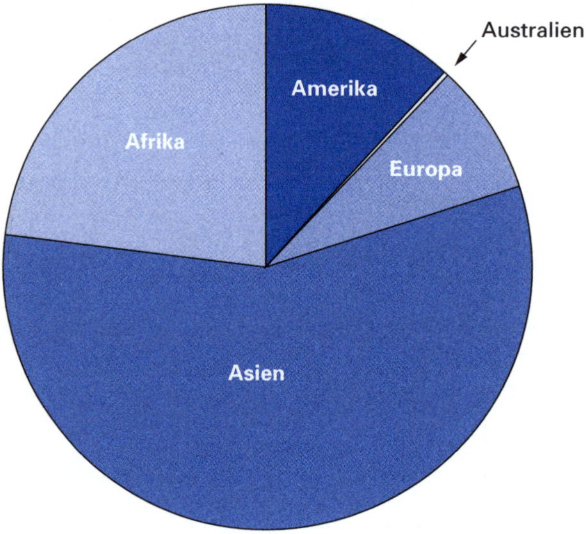

Aufgabe 7

a) $9\,970\,000\ km^2 = 9\,970\,000\,000\,000\ m^2 = 9{,}97 \cdot 10^{12}\ m$

b) $5{,}1 \cdot 10^{14} = 510\,000\,000\,000\,000$

c) $5{,}1 \cdot 10^{14} : 9{,}97 \cdot 10^{12} = 510 \cdot 10^{12} : 9{,}97 \cdot 10^{12} \approx 51{,}15$

Die Erde ist ca. 51-mal größer als Europa.

Aufgabe 8

a)

Zeit in Minuten	0,5	5	6,5	11	12	14	20
Wassermenge in Liter	12,5	125	162,5	275	300	350	500

b)

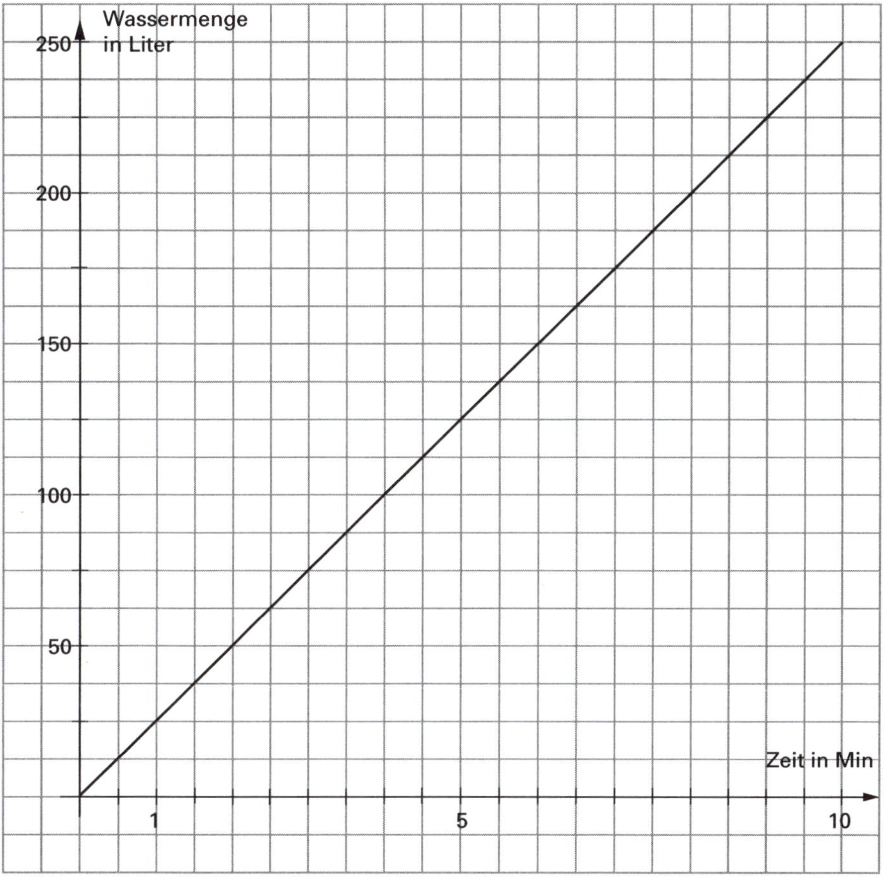

Aufgabe 9

a)

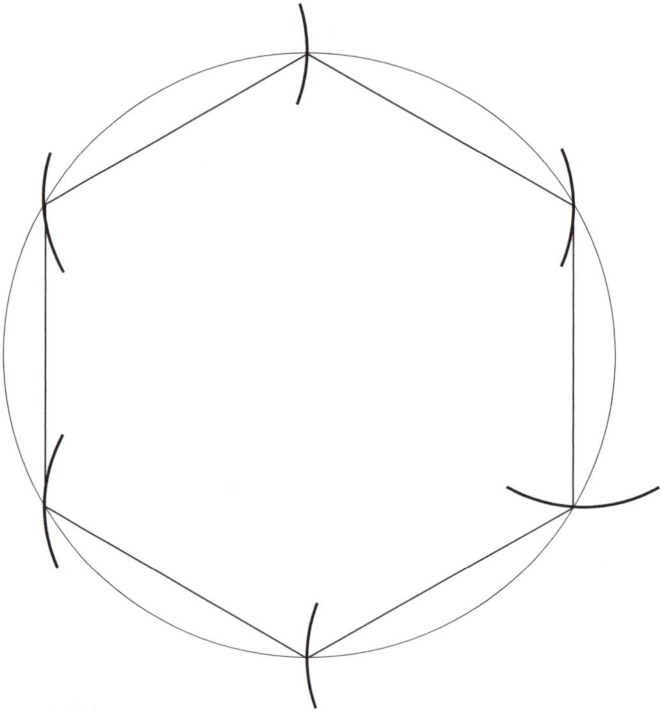

b) Da ein Sechseck aus sechs gleichseitigen Dreiecken besteht, kann folgende Formel angewandt werden:

$A_{Sechseck} = 6 \cdot (a^2 \cdot \sqrt{3}) : 4$

$A_{Sechseck} = 6 \cdot (16\ cm^2 \cdot \sqrt{3}) : 4 \approx 41{,}57\ cm^2$

Ergebnisse auf einen Blick

Hier findest du schnell die richtigen Lösungen für die von dir bearbeiteten Aufgaben.
Es sind nur die Endergebnisse ohne Lösungswege angegeben. Die ausführlichen Lösungswege sind auf den vorangegangenen Seiten dargestellt.

Lösungen 2019

Teil A – Seite 99

1. a) 324 €
b) 275 Stück

2. a) 149 600 000 km
b) $6 \cdot 10^{-6}$

3. 22,50 €

4. siehe ausführliche Lösung

5. 1. Zeile: 10x + 5 = 32 + 7x
3. Zeile: 3x = 27

6. Burak: 60 %
Aileen: 20 Würfe
Thomas: 12 Treffer

7. a) richtig
b) falsch
c) falsch
d) falsch

8. 10-mal

9. letztes Diagramm

10. 50 cm^2

11. a) 12 340 kg
b) 1,735 m
c) 7500 l
d) 4 Tage 4 Stunden

12. falsche Hypotenuse

Teil B – Seite 102

Aufgabengruppe I

1. x = 2

2. 3 Dosen

3. a) siehe ausführliche Lösung
b) 28,36 cm^2
c) siehe ausführliche Lösung
d) 30 cm^2

4. a) 33,3 %
b) 47 TWh
c) 548,64 TWh

Aufgabengruppe II

1. 12 Tage

2. V = 6825 cm^3

3. a) 114 €
b) 9,5 %
c) 696,15 €

4. a) 3 Ü. → 230 €
650 € → 10 Ü.
b) siehe ausführliche Lösung
c) 5 € Ersparnis

Aufgabengruppe III

1. x = -4

2. a) 6,8 % > 6 %
b) 25 g
c) 225 g

3. $A_{Ges.}$ = 14 589,75 cm^2

4. a) 18,8 °C
b) 85,25 mm
c) 16 Tage
d) 53,3 %

Lösungen 2020

Teil A – Seite 109

1. a) Jeans → richtig, T-Shirt → richtig, Hemd → falsch
b) -40 %

2. a) -10; siehe ausführliche Lösung
b) Vorzeichenregel

3. $\alpha \neq \gamma \rightarrow$ kein Parallelogramm

4. a) 22 000 m
b) 0,017 t
c) 200 ml
d) 0,205 kg

5. 11,5 dm^2

6. Freitag

7. 3. Skala

8. 25 cm^2

9. 13:02 Uhr

10. a) $\sqrt{0{,}25} > 0{,}4$
b) $\frac{3}{8} > 2{,}5 \cdot 10^{-2}$

11. 350 km

12. Teile 1, 2 und 4

Teil B – Seite 113

Aufgabengruppe I

1. 52 Basketbälle, 42 Fußbälle, 26 Volleybälle

2. a) 13 %
b) 14
c) siehe ausführliche Lösung

3. 1282,5 cm^3

4. a) siehe ausführliche Lösung
b) 1,4 cm

Aufgabengruppe II

1. $x = 3$

2. a) 566,44 €
b) 4 Fahrkarten

3. 126 cm^2

4. a) 1600 €; 5; 6400 €
b) siehe ausführliche Lösung
c) B ist günstiger

Aufgabengruppe III

1. $x = 2$

2. a) 222 Mio. t
b) 50 Mio. t
c) 414 Mio. t

3. siehe ausführliche Lösung

4. 792 cm^2

Lösungen 2021

Teil A – Seite 121

1. Neuer Preis: 378 €
Preisnachlass: 5 %
Alter Preis: 200 €

2. siehe ausführliche Lösung

3. a) 25 cm
b) 18 l
c) 50 dm^2

4. a) >
b) =
c) >

5. a) $x = 2{,}5$
b) $x = 2$

6. a) $\delta = 110°$
b) Quadrat

7. 12 dm^2

8. Montag

9. a) falsch
b) richtig
c) richtig

10. Skala 1

11. Diagramm 2

12. 8 m

Teil B – Seite 124

Aufgabengruppe I

1. $x = 5$

2. a) 12 Millionen
b) 30,21 %
c) siehe ausführliche Lösung

3. $V = 79\,800\ cm^3$

4. a) 3 Monate, 150 €, 350 €
b) siehe ausführliche Lösung
c) 11. Monat

Aufgabengruppe II

1. rot: 64; blau: 42; gelb: 84

2. a) 3920 km^2
b) 42 %
c) 7200 km^2
d) 70 000 km^2

3. 192 cm^2

4. a) siehe ausführliche Lösung
b) a = 10 cm; b = 6 cm

Aufgabengruppe III

1. $x = 2$

2. a) 22 800 €
b) Rabatt: 2280 €
Verkaufspreis: 26 220 €
c) 393,39 €

3. siehe ausführliche Lösung

4. $O = 756\ cm^2$

Lösungen Musterprüfung I

Teil A – Seite 133

1. a) 22,26 b) 58,83

2. 54 cm^3 = 0,054 dm^3 = 54 000 mm^3

3. -6y – 6 = -18

4. 30 cm

5. 32; 2

6. 9 cm^2

7. a) -4 b) -45

8. 14 €

9. 12,5; 52 mg; 24 Gramm

10. siehe ausführliche Lösung

11. 5 cm; 60°

12. ca. 9 m

Teil B – Seite 135

Aufgabengruppe I

1. a) $x = -\frac{38}{12} = -\frac{19}{6} = -3\frac{1}{6}$
b) x + 3x + 15 = 135

2. 159,25 cm^2

3. a) 14-mal
b) M = {3; 6; 9}
c) $p = \frac{6}{9} = 66{,}6\ \%$
d) 5,56

4. siehe ausführliche Lösung

5. a) 1400 €
b) 3,8 %

6. a) 1 400 000 000
b) 360 000 000

7. a) 10,26 %
b) 708 631 kg
c) siehe ausführliche Lösung

8. a) 28,50; 199,50; 256,50
b)/c) siehe ausführliche Lösung

Aufgabengruppe II

1. a) x = -4,5
b) 2x + x + 3 · (2x + x) + 400 € = 4400 €

2. siehe ausführliche Lösung

3. a) 7,21 cm
b) 1,18 cm
c) 208 cm^2; 379,89 cm^2

4. a)/b) siehe ausführliche Lösung
c) M = {AA, AB, AC, BA, BB, BC, CA, CB, CC}
d) siehe ausführliche Lösung

5. siehe ausführliche Lösung

6. a) $2{,}6 \cdot 10^9$ s
b) $4{,}8 \cdot 10^5$
c) 209 Jahre

7. siehe ausführliche Lösung

8. a) 8,6
b) x = 6

Lösungen Musterprüfung II

Teil A – Seite 143

1. a) 24,48 b) 464,9

2. siehe ausführliche Lösung

3. x = 3

4. siehe ausführliche Lösung

5. 10 cm

6. 200 min; 0,9876 dm^2; 9830 kg

7. 16; 4; 8; 32

8. siehe ausführliche Lösung

9. -7; 11

10. siehe ausführliche Lösung

11. 8 400 000 000

12. ca. 16 m

Teil B – Seite 145

Aufgabengruppe I

1. x = 2

2. mind. 110,27 cm

3. a) 1878,54 cm^3
b) 90,43 %

4. a) 6,98 m
b) 41,88 m^2

5. a) M = {s; r; b; g}
b) siehe ausführliche Lösung
c) P(„rot") = 20 %
d) siehe ausführliche Lösung

6. a) 1513,68 €
b) siehe ausführliche Lösung
c) 52,98 €

7. 13; 39; 104

8. a) $5{,}974 \cdot 10^{21}$ t
b) $5{,}683 \cdot 10^{29}$ g
c) ca. 95-mal

9. siehe ausführliche Lösung

Aufgabengruppe II

1. x = 20

2. siehe ausführliche Lösung

3. siehe ausführliche Lösung

4. 125,8 cm^2

5. a) M = {71, 72, 73, 74, 75, 76, 77, 78}
b) M = {1, 3, 5, 7}
c) siehe ausführliche Lösung

6. siehe ausführliche Lösung

7. a) $9{,}97 \cdot 10^{12}$ m
b) 510 000 000 000 000
c) ca. 51-mal

8. siehe ausführliche Lösung

9. a) siehe ausführliche Lösung
b) 41,57 cm^2

Notizen

A. Hör- und Hörsehverstehen

1. Dialogue

Fill in the missing information.

(1) meeting (2) start (3) 9:30 (4) changed, 9 o'clock / 9:00 (5) 20 minutes

2. Voicemail Message

Find the true statements.

1	2	3	4
A	D	E	G

3. TV Interview

Write down the correct letter.

No.	Letter
1	E
2	C
3	F
4	D
5	B
6	A

4. Dialogue

(1) They went to Spain last year.
(2) Emily would like to do a city trip, preferably to Paris.
(3) Peter would rather go hiking.
(4) Because Peter wanted to.
(5) That they compromise and do the city trip.

5. Radio Show

Today's topic	Your favourite sport
Phone number for the show	330065
First caller's name	Patrick
Caller's favourite sport	beach volleyball
At what age did he start playing	(at age) 17
Why does he like it (name two reasons)	▶ not a contact sport ▶ requires physical fitness, sensitivity, team spirit ▶ beautiful and athletic at the same time ▶ reminds of the sun, the ocean, a holiday feeling

B. Sprachgebrauch

1. Find the plural form of these nouns.

a) books b) lives c) factories d) mice e) children f) tomatoes

2. Make nouns out of verbs.

a) attraction b) attachment c) confirmation

d) fear e) management f) misunderstanding

3. Find the missing words and fill in the gaps.

a) winter b) doctor/hospital c) country

d) bicycle/bike e) mountain f) pupil

4. Fill in the missing prepositions.

on/in – with – at – in – below – into – from – towards – between – for

5. Who or which? Complete the sentences.

a) who b) which c) which d) Who e) which f) Who

6. Put these sentences into the negative form.

a) My friend hasn't learned Russian for three years.

b) Susan wasn't in France last year.

c) My father won't fly to London next month.

d) Ryan doesn't eat vegetables.

f) Mr Jones doesn't work in his garden.

7. Underline the correct word in these sentences.

a) plane b) knew c) two

d) hear e) break f) tales

8. Find the right word for the definition.

a) kitchen b) hairbrush c) waiter/waitress/chef/cook

d) cat e) school f) key

9. Find words that mean the same / opposite.

same meaning	opposite meaning
right – correct	come – leave
talk – speak	slow – fast
allow – permit	answer – question

10. Fill in the correct pronouns.

their – my – his – yours – mine – your – hers – it

11. Make sentences and use all the words.

a) I started to play the piano when I was eight years old.

b) We have different musical groups at our school.

c) Normally I like our school lunch.

d) I always eat cereals in the morning.

e) What are your favourite subjects and hobbies?

f) My class will travel to Wales at the end of the school year.

12. Make sentences with the words below.

a) The little boy was happy to get a big ice cream cone.

b) Yesterday I bought a very cheap shirt at Oxford Street.

c) Why don't you invite your friends over?

d) I would like to learn French.

e) My grandpa met a very helpful young man at the station.

f) Have you seen the new Star Wars movie at the cinema?

13. Fill in the correct word.

❶ evening	❷ thief	❸ immediately	❹ had observed	❺ very
❻ mountain	❼ surprised	❽ investigation	❾ about	❿ was

14. Fill in the correct word.

❶ distributing	❷ within	❸ have	❹ come	❺ than	❻ provides

C. Leseverstehen

Text 1

1. Answer the questions.

(1) You cannot touch Bitcoins.

(2) To make banks unnecessary. / Everyone could transfer money from their laptop or smartphone.

(3) Because any Bitcoin user in the world can check for manipulations.

(4) Because so many people trade the currency, hoping to make money.

2. Tick the correct meaning.

(1) virtuell (2) Brief (3) Folge (4) entdecken

3. Write down the correct lines.

		line or lines
(1)	People made a lot of money instantly.	2 – 3
(2)	The name of the main digital currency.	7 – 8
(3)	People want to make banks unnecessary.	13 – 15
(4)	His job is handling money.	22 – 23
(5)	Bitcoin only works if people believe in it.	33 – 34

Text 2

1. Mark the correct statements.

a) ☒ Namibia

b) ☒ You can come with a 2-wheel-drive vehicle to visit the park.

c) ☒ You will be lodged in camps during your visit.

d) ☒ The waterholes are floodlighted at night.

2. Answer the questions.

a) In the dry season between June and November.

b) Because you can observe the animals even during the night.

c) Lions are not seen very often.

3. Find the expression.

a) offers an unbelievable variety of animals

b) you will be fascinated and enchanted

Text 3

1. True, false or not in the text?

a) true　b) not in the text　c) false

d) false　e) true　f) true

2. Find the correct heading.

1	2	3	4	5
D	E	B	C	A

3. Answer the questions.

a) "Bollywood" is a combination of the names of the cities Bombay in India and Hollywood in the USA.

b) The mixture of music, dance, love, action, comedy as well as fight scenes, is very different to Western movies.

c) The movies are very long and the break is used to enhance the drama of them.

d) The fact that there are so many different languages spoken in the country.

D. Sprachmittlung

1. Answer your parent's questions.

a) Die Schule gibt es seit 1994.

b) Die Schule gehört einer ortsansässigen Familie.

c) Es gibt viele verschiedene Möglichkeiten der Unterbringung. Für mehr Informationen soll man sich direkt mit den Anbieter/-innen in Verbindung setzen.

d) Ja, die Unterbringung ist nicht im Kurspreis enthalten.

e) Es gibt zwei Kurse. Der Mini-Camp-Kurs ist für beide Altersgruppen (8 – 12 und Teenager) geeignet, mit fünfmal jeweils zwei Stunden, morgens oder nachmittags. Der Full-Day-Camp-Kurs ist für über Zwölfjährige und besteht aus zwei Einheiten pro Tag von Montag bis Freitag.

f) Der Mini-Camp-Kurs kostet £140 pro Person, inklusive Ausrüstung, Surftest und Zertifikat für jede/-n Teilnehmer/-in.
Der Full-Day-Camp-Kurs kostet £220, beinhaltet das Gleiche wie der Mini-Camp-Kurs, aber man bekommt zusätzlich £5 Rabatt auf Sweatshirts und Neoprenanzüge.

2. Der Mittlere Westen der USA

Landschaften und Klima	Wirtschaftszweige	Touristenattraktionen
▶ liegt zwischen den Rocky Mountains im Westen und dem Appalachen-Gebirgszug im Osten ▶ überwiegend flache Landschaft, aber auch Hügellandschaften und vereinzelt Mittelgebirgszüge ▶ die „Great Plains", eine flache und sehr dünn besiedelte Großlandschaft, besteht aus Grassteppe und riesigen landwirtschaftlichen Nutzflächen ▶ teilt sich mit Kanada die größten Süßwasserseen der Welt: Lake Superior, Lake Michigan, Lake Huron, Lake Erie, Lake Ontario ▶ oft sehr heiße Sommer und extrem kalte und lange Winter	▶ überwiegend Landwirtschaft wegen der riesigen flachen Landstriche, die mitunter auch sehr fruchtbare Böden aufweisen ▶ die landwirtschaftlichen Haupterzeugnisse sind Mais, Weizen, Sojabohnen, Hafer ▶ eine Reihe großer Betriebe aus dem Bereich der Fertigungsindustrie: Eisenerzförderung, Stahlproduktion, Automobilproduktion	▶ die Metropole Chicago in Illinois ist die größte Stadt des Mittleren Westens und die drittgrößte Stadt der USA Chicago bietet z. B.: 1. international bekannte Kunstmuseen 2. einige der eindrucksvollsten architektonischen Meisterwerke der Welt 3. sehr erfolgreiche Topclubs in den Sportarten Baseball, Basketball und American Football ▶ Mount Rushmore in South Dakota: die Gesichter von vier Expräsidenten der USA sind hier in einen riesigen Felsen eingemeißelt ▶ Mall of America in Bloomington, Minnesota: eines der größten Einkaufs- und Unterhaltungszentren in den USA

3. Make notes.

a)
- ▶ Jürgen und Gwen heiraten (2022)
- ▶ eine formelle Einladung kommt noch per Post
- ▶ die Hochzeitsfeierlichkeiten finden in Portwrinkle in Cornwall statt
- ▶ wir sollen mitteilen, ob wir in einem der Hotels übernachten wollen, in denen sie Zimmer vorreserviert haben
- ▶ ob wir besondere Ernährungsbedürfnisse haben

b)
- ▶ (mother) is very happy for them
- ▶ family is in England anyway at the time of the wedding
- ▶ (family) is staying in Plymouth, so no need of hotel
- ▶ we have a car, getting there is fine
- ▶ mother is a vegetarian, which should be no problem

E. Text- und Medienkompetenzen

1. Text message

Hi Conor,

What the hell was that all about in the canteen today? Why did you and Allison treat me like that? I was just trying to warn Allison that she might be getting into trouble. I don't think she is really aware of all the possible consequences that going out with a Catholic boy may have. Well, I must admit that I do understand Allison's behaviour a little bit. After all, she's in love, which is why she defended both her new boyfriend and her relationship with him. But why did you side with Allison in that situation? I mean, don't you see how dangerous this is? Obviously, you just got carried away by your ridiculous enthusiasm about Cal's swimming career. Conor, wake up! This is Northern Ireland we are talking about, where being Catholic or Protestant is way more important than your bloody craze for swimming.
Anyway, I was really annoyed with the two of you, especially when you just walked away from me, leaving me behind in the canteen like some pathetic fool. I really think you owe me an apology.

Best, Lucy

2. Questionnaire: London Museums

name of museum	short description of what the museum has to offer	tick ✓
The National Gallery	▶ paintings ▶ sculptures ▶ other works of art	
London Fire Brigade Museum	▶ different fire engines that have been in service for last 200 years ▶ various kinds of equipment used by firemen over time	
Ragged School Museum	▶ gives an idea about what school was like in Britain for the poor in 18th and 19th centuries ▶ short classes taught by extremely strict teacher, with you as student sitting in uncomfortable wooden bench in 19th century classroom	
Cartoon Museum	▶ cartoons from 17th century up to present on display ▶ cartoons illustrate social and political problems of the times in which they were created ▶ cartoons are funny because they make fun of people, things or events	✓
Science Museum	▶ interactive ▶ hands-on scientific experiments	

3. Write an ending.

No matter how much I disliked this idea, I was nevertheless sure that I had to follow it and take action accordingly. "Listen. I need to go now because I am on my way to school. But you'll be fine. I promise", I said to the old lady. I must admit that I hated myself for what I had just said and even more for what I was about to do. And yet I walked past the house to turn right just behind it. I made sure the old lady could not see me anymore. Then I took out my smartphone to call the police. My hand was shaking while I was speaking to the police officer on the phone ... I did not really have any other options, or did I?

F. Schreiben

1. Correspondence: E-Mail

Dear Sirs

Last night I saw an advertisement on the Internet about your hotel. Since I'm planning to spend my holidays in Italy, I would like to have some more information about your hotel. My friend and I would like to stay from October 10th to October 18th. Are there rooms available during this period of time? Could you make us a special offer on your prices because we are students? We will travel by train, so could you please provide us with a journey description on how to reach you best.
Thanks in advance for your help.

Yours
Marie Schnabel

2. Creative Writing: Picture Story

Not everything was perfect during the pupils' stay in London. So Kevin and Martin had this view of the journey.
The so-called short walks in the centre of London turned out to be hard marches. The distances there are very long. No wonder that our feet were aching every time. But our teacher had no mercy.
One evening we were allowed to go out in groups. But every time we found a place that looked interesting it said at the entrance that youths were off limits. When we told our teacher he only said that we had saved a lot of money.
A kind of orienteering event was a disaster. All the groups had difficulties in finding the way and some of our mates arrived late at night. Our teacher had stayed at the hostel all the time and looked really relaxed.
And then the sightseeing. In every weather we had to go out and listen to endless explanations about some old and dull buildings. And the weather in London is quite different from the weather in Rome. If you know what I mean.
A clever idea to cover the long distances didn't work either. We tried to go on a bus but we had chosen the wrong time. It was rush hour and all the buses were overcrowded and we had to walk on foot.

3. Correspondence: E-Mail

Dear Mr Karl

Last April I booked a holiday at your agency. The picture of the hotel your employee showed me in the brochure was very appealing. But when I arrived there two weeks ago, I was horrified. The hotel wasn't even finished and there was a lot of noise and dirt. Not to mention that there was no view of the ocean at all.
I would now ask you to give me a price reduction because it was definitely not what you offered me.
If I don't hear from you till the end of this week, I will have to hand this matter over to my attorney.

Yours sincerely
C. Gruber

4. Creative Writing: Picture Story

Summer Camp in Bavaria

This year I had an awful holiday. Adventure-camp in Bavaria sounded good, but when I arrived there, I realised that the camp was far out in the mountains. We had to carry all our equipment there, a long way to go, always uphill on narrow paths full of stones. And the camp? Man, no comfort at all! We had to sleep in tents and cook our own meals over a campfire. And we had to wash in the ice-cold water of a nearby lake. No wonder that I caught a bad cold on the second day. I felt so miserable that the camp-leader phoned my parents and they had to come collect me. My father had to carry my equipment, but that was only downhill. Well I'm sure this was my first and last try of an adventure camp … next year I will go to a nice hotel at a long white beach.

5. Correspondence: E-Mail

Hi, Andy

Thanks very much for your letter which I received yesterday. As you know, I always dreamt of becoming an animal keeper. So I was very happy when I got my internship at our local zoo since those places are very popular. At the zoo I was assigned to the bird's section, which at first I thought would be boring … but in the end I discovered that some birds like the penguins are quite funny actually. I had to clean the aviaries, prepare their food and over all just had to look after them. I enjoyed my internship very much and would be overly happy if my dream of becoming an animal keeper at the zoo would be fulfilled.
Looking forward to hearing from you again soon.

Yours
Nadine

6. Creative Writing: Picture Story

My holiday job

I always dreamt of this cool new mountainbike and saved all my money for it. But it wasn't enough. So I started a holiday job at Mc's. That meant getting up at five. The alarmclock really is a brutal early-morning starter! The job itself was not the ideal one as well. I had to serve customers. That sounds great, but after an hour of different wishes, nasty children and stressed out parents you know what you've done! Going home at the end of the shift? No way! At first you have to clean everything, take away the rubbish, the remains, and the empty bottles and mugs. In the end I've come to the conclusion that I better buy a cheaper bike.

A. Listening Comprehension

Part 1 – Task 1

(1) 28 (2) nights (3) 130
(4) on foot (5) stops (6) 30

Part 2 – Task 2

(1) ~~terrific~~ (2) ~~best~~ (3) ~~evening~~
(4) ~~you~~ (5) ~~11~~

Part 3 – Task 3

(1) Central Line (2) 15 minutes

Part 4 – Task 4

	T	F
(1) The guest arrived at the hotel this morning.		✓
(2) The guest wants to stay in London for a week.	✓	
(3) The guest knows the main sights in London well.	✓	
(4) All museums in London are free.		✓
(5) The British Museum is the most famous museum in London.	✓	
(6) This morning the guest wants to go to St Paul's Cathedral.		✓
(7) Laura and Marcus travel home by plane.	✓	

B. Use of English

1. Fill in the missing words.

1. on
2. at
3. when / although
4. as

2. Write the word that matches the definition.

(1) s**tation**
(2) r**eturn**
(3) l**ate**
(4) p**assenger**

3. Choose the correct word from the box.

1. anywhere
2. everywhere
3. something
4. anything

4. Fill in the right form of the verb.

1. offers
2. Have ... been
3. did not go / didn't go
4. want

5. Read the parts 1 – 5 and match them with one of the parts A – H.

1	2	3	4
D	B	F	E

C. Reading Comprehension

1. Read the text and choose the right title (A – G) for each paragraph of the text.

lines 1 – 9	lines 10 – 13	lines 14 – 17	lines 18 – 22	lines 23 – 25	lines 26 – 28
C	**G**	**A**	**F**	**B**	**E**

2. Are the sentences true or false?

	T	F	N
(1) The London Eye moves very fast.		✓	
(2) Building the London Eye was finished before the year 2000.	✓		
(3) A man was arrested after his protest in 2004.			✓
(4) The London Eye is still the highest observation wheel in the world.		✓	

3. Answer the questions.

(1) half an hour / 30 minutes
(2) 7 years / seven years
(3) March 2000
(4) 15,000 / 15 000 / 15.000 / 15000
(5) birthday(s) / wedding(s) / Christmas

4. Write down the complete sentence from the text.

(1) If the weather is clear, you'll be able to see Windsor Castle, 38 km away.
(2) From here cars, buses and taxis look like children's toys.
(3) Over 1,700 people from five countries worked on it.
(4) But three and a half million people came.
(5) And for around £2,000 you can celebrate your wedding in a private capsule decorated with flowers.

D. Text Production

Correspondence: E-Mail

To: info@rainbowhotel.com
From: tho.ung@mail.de
Subject: Missing bag

Dear Sir or Madam,

My family and I spent last week in your beautiful hotel. Yesterday we left and went back home. Our holiday in your accommodation was perfect. We felt very comfortable and I'm sure we'll come back soon. Unfortunately when we arrived at home, we noticed that we had forgotten one bag in our hotel room. We lived in a room on the third floor. I'm sure it was room number 115. I think the bag could probably be behind the door or maybe we left it in the bathroom. It would be nice if you could have a look. The colour of the bag is red with white and blue stripes. It is very big and inside the bag there are many t-shirts and shoes. The worst problem is that my new mobile phone is in the bag, too and it's quite important for me to get it back. It's the new iPhone. I would be thankful if you were in a position to send the bag to our home. At the end of this email you'll find our address. Of course we'll take over the costs for sending the bag to Germany. Thank you very much in advance and I'm looking forward to hearing from you soon.

Kind regards

Thomas

My address: Thomas Unger
Malvenstr. 3
90451 Nürnberg
Germany

Creative Writing: Picture and Prompts

Lost and found!

Last Saturday afternoon Paul and Jake were in a games shop. Suddenly Jake saw a wallet on the floor in front of him. Young Jake was very surprised and happy because he saw many notes in the brown wallet. "Look, Paul!" he yelled. "I found a wallet and there is money in it." Paul and Jake looked at each other and they seemed to think the same. They thought about the amount of games they could buy with this money. But suddenly Paul said: "Jake, we can't do that. Imagine you would have lost your wallet. Wouldn't you be happy if someone brought it back to you?" "Yes, you're probably right," Jake said and was a little bit sad. But deep in his heart he knew that Paul had said the right thing. They both decided to give the wallet to the cashier. When they looked at the cashier they suddenly saw a man who seemed to be searching something in his jacket. He looked quite nervous and also a little sad. Paul and Jake immediately knew that he could be the owner of the wallet and showed it to him. The old man started smiling at the boys and couldn't stop saying "Thank you". After a while the man took two notes out of his wallet and gave it to the two young boys. He said "This is for you. Thank you for your honesty and have nice day." At this moment Paul and Jake were the happiest kids on earth. They really deserved it.

A. Listening Comprehension

Part 1 – Task 1

(1) dive
(2) Thursday
(3) viewing
(4) late afternoon / sunset / after dark
(5) glass floor
(6) south
(7) ferry

Part 2 – Task 2

(1) 80
(2) (They) get scared / won't come back
(3) (bright) flash(es) (from the camera) / filming / photography
(4) collects money / protects the (penguin) colony / gives medical care (for sick and injured penguins)
(5) 15
(6) one hour / 1 hour

Part 3 – Task 3

(1) rugby
(2) Sydney
(3) 5.45 (p.m.) (in the afternoon)
(4) changing rooms
(5) afternoon
(6) walk
(7) mcg.org.au

B. Use of English

1. Fill in the gaps using the words in brackets.

1. took
2. surprised
3. largest
4. has never ridden / never rode
5. sits
6. slowly
7. didn't feel

2. Fill each gap with one suitable word.

1. its
2. from
3. where / because / as / since
4. place
5. at
6. shall / will

3. Write the correct words.

(1) starts (statt start)
(2) every (statt all)
(3) sail (statt sailed)
(4) a (statt one)
(5) events (statt event)
(6) because / and / since / as (statt while)
(7) sportsmen (statt sportsman)

C. Reading Comprehension

1. Find the paragraph.

(1) E (2) C (3) F (4) B (5) C

2. Answer the questions.

(1) (by) bicycle / (by) bike
(2) (it) burns more calories / (your) pulse rate goes up and down / (it) uses muscles (which don't get any training when you just go for a jog)
(3) (they wear) gloves
(4) (it) decomposes (extremely) slowly
(5) 6,400 tons (of litter)

3. Choose the true statements.

(1) c (2) d (3) g (4) i (5) j

4. Find the correct meaning.

(1) etw. entdecken
(2) sich ausbreiten
(3) stehenbleiben
(4) Art und Weise
(5) Abfall

D. Text Production

Correspondence: E-Mail

To: info@sunshinehotel.com
From: lisa.fink@yahoo.de
Subject: Changing our booking

Dear Sir or Madam,

My parents have already booked the rooms for our stay in your hotel. Our booking number is XRN23125. First I want to thank you for the booking confirmation and the information which you sent us in the attachment.
Actually we have a little problem. My sister would like to come with us and spend the holiday in your hotel, too. I would like to ask if we could book one more single room. Or is it possible to put one more bed in one of our rooms? Could you inform us about the prices for a further single room or for an additional bed?
The next thing is that we'll arrive quite late. Please let us know how we'll get the room keys after 10 p.m.
We would also like to book a parking lot. It would be nice to get a bigger one because our car is quite big.
Hopefully you can answer my questions as soon as possible.
I'm looking forward to hearing from you soon.

Kind regards,

Lisa Fink

Creative Writing: Picture Story

The lost key

Last summer Trevor and his girlfriend went to Spain and every day they went to the beach. They took a lot of food and many drinks with them. One day the couple left the beach and didn't take their rubbish back with them. Unfortunately they forgot their room key, too. In the afternoon two boys who work for the organisation 'Save the Ocean' found the rubbish and the lost key.
When Trevor and his girlfriend arrived at the hotel reception, they suddenly noticed that their key was missing. The young couple was shocked. After a few minutes the two boys who collected the rubbish and found the key arrived at the hotel reception, too. Trevor saw that they gave a key to the receptionist and then he realised that this must have been his missing room key. Trevor's girlfriend felt happy when the boys gave them the key. Both were relieved. But then the boys had another surprise for them. They gave them a bag with all their rubbish inside and they said "Please, take you're rubbish with you when you leave the beach. It's not good for the nature." It was so embarrassing for Trevor and his girlfriend. The following days they always took their rubbish with them.

A. Listening Comprehension

Part 1 – Task 1

(1) football
(2) (in) South Birmingham
(3) (about) an/one hour
(4) (on the company's) website / homepage / online / (on the) Internet
(5) (your) own (kind of) chocolate / chocolate creations
(6) (hike) / (go) hiking

Part 2 – Task 2

(1) drinking
(2) 1856
(3) bitter
(4) cream(-filled)
(5) customer
(6) healthier
(7) less

Part 3 – Task 3

(1) onion/onions
(2) (extra) cheese
(3) large
(4) apple pies
(5) mineral water / water
(6) 5
(7) 22.80

B. Use of English

1. Fill in the gaps with the suitable word(s).

1 has become
2 end
3 don't
4 to
5 little

2. In each gap write one word starting with the letter at the beginning of the gap.

1. one
2. had
3. equipment
4. point/place
5. was
6. anyone/anybody
7. need
8. them/things
9. weight
10. environment

3. Change the words given in the brackets to make them fit the sentences.

1. more
2. heard
3. production
4. dangerous
5. regularly

C. Reading Comprehension

1. Match the titles to the paragraphs.

(1) Paragraph B:	7
(2) Paragraph C:	6
(3) Paragraph D:	8
(4) Paragraph E:	4
(5) Paragraph F:	5
(6) Paragraph G:	3

2. Find the answer to each question in the paragraph.

(1) E
(2) F
(3) A
(4) C
(5) D

3. Find the correct meaning.

(1) sättigend
(2) trotzdem
(3) Kennzeichnung
(4) Ernährung
(5) überprüfen

4. Find the true statements.

(1) 4
(2) 6
(3) 9
(4) 10

D. Text Production

Correspondence: Letter

Dear Ed Sheeran,

my name is Luisa. I'm 15 years old and I live in Nuremberg. That's in Bavaria, Germany. I've been a true fan of you since that time I started listening to music. You're voice is fantastic and your songs are overwhelming. That's why I'm such a great fan of you. Last year I visited one of your concerts in Germany. It was such an unforgettable evening because my friends and I had so much fun and you looked so good. We really wanted to see you backstage but it wasn't possible. That's why I'm writing to you. Would it be possible for you to send me two autograph cards? The reason why I need two is that it's my best friends birthday next week and she is a great fan, too. It would be a lovely birthday present. Hopefully you will answer my letter. Therefore I'm sending an envelope and stamps, too. Thank you so much in advance. I'm really looking forward to hearing from you soon.

Love
Luisa

Creative Writing: Picture and Prompts

Cat on Tour

Last summer the parcel service rang at the Millers' house. Mrs Miller was happy because some new summer dresses she had recently ordered finally arrived. While the Millers were talking to the parcel service guy nobody noticed that their cat "Honey" jumped into the parcel service van. Then the doors of the van closed and Honey was inside. The parcel service drove around all day and delivered parcels to different families. In the evening, when the van was empty the parcel service guy saw Honey sitting in the corner. Fortunately he knew the cat and brought it back to the Millers immediately. When the door bell rang Mrs Miller opened the door and started crying. Earlier that day she had noticed that her cat was gone and she thought that she would never see Honey again.

A. Hör- und Hörsehverstehen

Part 1 – Task 1

(1) As far as Leo remembers, ~~he~~ was still rather poor when he came to Dublin.
(2) Leo has learned to speak English almost like a ~~natural~~ speaker.
(3) Leo thinks that the Irish are friendly in ~~every~~ life.
(4) There are two things that Leo has always been very ~~proud~~ of.
(5) The Wicklow Mountains offer lots of fantastic ~~biking~~ trails.
(6) Mr Jenkins thinks that Dublin is a great place for ~~tens~~ of outdoor activities.
(7) Leo will soon be able to enjoy a hot summer in ~~Bulgaria~~.

Part 2 – Task 2

(1) They were not sure (at all) / They wondered whether that was a good idea.
(2) (He can sometimes be) an annoying teenager.
(3) Up until / Up to / Until Leo's arrival / Leo arrived (in Dublin).
(4) They have grown (quite) fond of Leo.
(5) (Leo / He would like Ryan) to spend some time in his / Leo's family in Germany.
(6) (So that / In order that / Because then) Leo will have fond / great / happy / nice memories of his last day in Dublin.

Part 3 – Task 3

	information given in the announcement
The number of the Aer Lingus flight from Dublin to Munich is …	**(0)** **EI 352** .
There is a technical problem with …	(1) the air conditioning system (of the aircraft).
The flight to Munich will be delayed until …	(2) further notice.
Aer Lingus will try to …	(3) rebook the passengers on another flight to Munich.
A flight to Rome is scheduled to …	(4) depart in 45 minutes.
The passengers are asked to take all their …	(5) personal belongings with them when leaving the boarding gate area.

B. Sprachgebrauch

1. Complete the text using the correct words.

1. any/every
2. most
3. one
4. but
5. in
6. than
7. by
8. on
9. age

2. Fill in the gaps using the words in brackets.

1. certainly
2. northern
3. charming
4. famous
5. highly
6. lovers
7. rocky
8. excitement
9. attractions

C. Leseverstehen

1. Match the titles to the paragraphs.

1. C
2. F
3. -
5. -
6. B
7. D
8. E

2. Answer the questions.

(1) (Because) He / Jack had never (even) been outside of Texas (all his life).
(2) (He was wearing) baggy shorts, white sports shoes and a baseball cap (backwards).
(3) (They have) five or (even) six (lanes).
(4) coyotes, buffalos, poisonous snakes and scorpions
(5) baseball and rugby

3. Put the events into the order in which they happend.

Jack said that he used to play baseball in Texas.	**4**
Jack was very interested in what Ryan told him about rugby.	6
Jack compared the size of motorways in Dallas and Dublin.	1
Jack told the others about exotic animals that can be found in Texas.	3
Ryan's mother was scared to death by how fast the cars were driving on the M50.	
Ryan's father told Jack about Ryan playing on a national rugby team.	5
Ryan began to be annoyed with Jack.	**2**

4. Find the true statements.

(1) e
(2) g
(3) h

D. Sprachmittlung

Kurzreferat

Das Thema meines Kurzreferats sind weit verbreitete Vorurteile gegenüber Menschen aus bestimmten Teilen des Vereinigten Königreichs.

Menschen aus Schottland zum Beispiel werden von anderen Bewohnern des Vereinigten Königreichs häufig als geizig eingeschätzt. Zudem werden Schotten fast automatisch mit speziellen äußeren Merkmalen wie Dudelsäcken und Schottenröcken in Verbindung gebracht, als ob alle Schotten diese besondere Kleidung tragen oder dieses besondere Musikinstrument spielen würden.

Das zweite Beispiel bezieht sich auf Menschen aus Nordirland. Sie sind dem sehr verbreiteten Vorurteil ausgesetzt, aus einem Landesteil zu kommen, in dem es immer nur um Bürgerkrieg, Bombenanschläge und Hass geht. Zwar gab es dort bis etwa 1990 tatsächlich immer wieder politisch motivierte Gewalttaten, aber sie geschahen nicht so häufig, wie es das Vorurteil vermuten ließe. Zudem sind diese Gewalttaten seit Ende der 1990er-Jahre deutlich zurückgegangen.

Schließlich wird auch Wales nicht von Vorurteilen verschont, denn es wird sehr oft mit riesigen Schafherden assoziiert, sodass Waliser nicht selten als Schafhirten betrachtet werden, selbst wenn sie weder privat noch beruflich mit Schafen zu tun haben.

Bewohner des Vereinigten Königreichs, die den oben erwähnten Vorurteilen ausgesetzt sind, reagieren darauf oft mit Traurigkeit, Verärgerung oder gar Hassgefühlen. Sie wünschen sich, dass die Menschen diese Vorurteile überdenken und sich letztlich sogar von diesen lösen. Sie würden es gerne sehen, wenn andere, positivere Aspekte des jeweiligen Landesteils in den Vordergrund gerückt würden. So wäre es zum Beispiel aus Sicht der Einwohner Nordirlands wünschenswert, die Gastfreundschaft und die außergewöhnliche Freundlichkeit hervorzuheben, die vor allem mit der Republik Irland in Verbindung gebracht werden, die aber ebenso in Nordirland weit verbreitet sind.

E. Text- und Medienkompetenzen

Write an ending to the conversation.

Dies ist nur ein Beispieltext. Andere Lösungen sind möglich.

Ryan: David!! What is wrong with you? I can't believe how unfair and rude you are being. And for no reason whatsoever. After all, Jack told us a couple of minutes ago that he is only a beginner in rugby. That is quite a modest statement, isn't it?

Liam: I perfectly agree with you, Ryan. These kinds of prejudices and stereotypes are just bullshit. And why are you criticising Jack like this, David? He has done you no harm whatsoever.

David: Why are you all picking on me now? All I said is something everyone knows anyway. Americans are arrogant show-offs.

Jack: I don't think I need to listen to this any longer. If you don't take back what you've just said, I think we'll have to fight it out, David.

Ryan: Forget it, Jack. He's not worth a fight. Liam, Jack, let's go. ... Just one last thing, before we leave, David. I think you owe Jack and me an apology, otherwise this will be the end of our friendship.

Liam: I think you are right, Ryan. An apology is absolutely necessary. You don't need to apologise right now, David. We should give you some time to think about your behaviour today. But without an apology in the next couple of days, you will lose two friends at the same time ... Jack, Ryan, come on! Let's go!

F. Schreiben

Correspondence: E-Mail

Dear Holly,

How are you? I'm so excited that you will soon be coming to Lindau.
I have already made a plan for your stay in Germany. How about going on a bike tour all around Lake Constance? If we cycle about 50 kilometres per day, we can get around the lake within 5 days. We can stay at campsites or youth hostels. We would be travelling through parts of Switzerland and Austria on our tour. Isn't that thrilling?
Please let me know if there is anything you would (or would not) like to do on the tour. And please say hello to your parents for me.

Take care,
Marina

Creative Writing: Picture Story

... was reading out from a textbook. Then he moved to the board to write something on it. That is why he could not see Mary writing a message on a piece of paper. Mary handed the message to Laura, who was sitting right next to her. Laura read the message, started to giggle and wanted to pass it to Jennifer across the aisle. At that very moment, however, Mr Hawk turned around and asked Laura to give him the piece of paper. Mr Hawk looked at the message, which read "I'm in love with Mr Hawk". Laura covered her face with her hands in embarrassment, while Mary and Jennifer started to laugh.

A. Hör- und Hörsehverstehen

Part 1 – Task 1

(1) In Jenny's opinion, Robben Island Museum was ~~exciting~~.
(2) Jenny's father says that Nelson Mandela was the most famous black ~~boxer~~ of South Africa.
(3) Nelson Mandels had been a prisoner for ~~26~~ years.
(4) Robben Island is an important part of South Africa's ~~geography~~.
(5) There are ~~exotic~~ fish tanks at the Two Oceans Aquarium.
(6) Table Mountain is about 3 ~~m~~ wide.
(7) They really enjoyed the fantastic ~~food~~.

Part 2 – Task 2

(1) (moments of) failure and frustration
(2) the world of adulthood
(3) (a) smooth and joyful (one)
(4) He was released (from prison).
(5) (There was a feeling) of hope for a better future.
(6) (their) respect for their neighbour, for their fellow citizen, or for any human being

Part 3 – Task 3

	information given in the conversation
Nelson Biko would like to know what subject Harry did or did not …	(1) **like** at school.
Most of the time Harry was quite …	(2) **bored** in class.
Mrs Branson thinks that her son has not yet understood the serious …	(3) **side** of life.
Nelson Biko asks Mrs Branson to leave the room so that he can have a …	(4) **chat** with Harry alone.
After Mrs Branson has left the room, Harry feels ashamed of his mother's …	(5) **behaviour**.

B. Sprachgebrauch

1. Complete the text using the correct words.

1. about
2. planet/globe
3. explain/describe/outline
4. but
5. which
6. did
7. their
8. what
9. more

2. Fill in the gaps using the words in brackets.

1. visible
2. highly
3. belongings
4. locked
5. parking
6. extremely
7. intention
8. instructions
9. dangerous

C. Leseverstehen

1. Match the titles to the paragraphs.

1. -
2. D
4. B
5. E
6. A

2. Answer the questions.

(1) (Because) they have cages there / in zoos.
(2) (It is) a famous wildlife reserve (near Johannesburg).
(3) (It / The group consisted of) four men and two women.
(4) (Peter / He had spotted them / the lions resting) in the hot sun.
(5) He / The lion walked back to his family.
(6) He / George would like / wants to go to the zoo with him / his son / Andrew.

3. Put the events into the order in which they happened.

Andrew and Carol were anxious for George to return to England.	**5**
The members of the safari group took pictures of the Range Rover.	
The engine of the Range Rover failed to work.	2
George rang his wife and son.	1
Andrew said that he would be happy to go to the zoo with his father.	6
The safari guide repaired the car.	4
The lion tried to get into the car.	**3**

4. Find the true statements.

(1) c
(2) f
(3) i

D. Sprachmittlung

Emma (1): Nein, Papa. Südafrika ist alles andere als ungeeignet zum Wandern. In dem Interview hat eine Frau gesagt, dass es in Südafrika einige der schönsten Wanderrouten der Welt gibt. Und diese Routen führen durch schroffes Gebirge, grüne Wälder, tiefe Schluchten oder trockene Wüstengebiete.

Emma (2): Das ist es ja gerade. Auch in dieser Hinsicht würde Südafrika Mama bestimmt sehr gefallen. Dort gibt es nicht nur phänomenal schöne Strände, sondern auch eine Vielzahl an exotischen Meerestieren zu sehen, z. B. Pinguine, Robben, Delfine und Wale.

Emma (3): Papa, in dem Interview habe ich etwas erfahren, was ich auch noch nicht wusste. Die meisten Menschen denken bei Südafrika immer an Schwarze und Weiße, die dort leben. Aber die Bevölkerung ist viel bunter, als man denkt. Zunächst einmal besteht die schwarzafrikanische Mehrheit der Bevölkerung aus vielen verschiedenen Stämmen, die alle ihre eigenen Traditionen und Kultur haben. Außerdem sind die sogenannten „Weißen" Südafrikas auch deutlich unterschiedlicher, als viele Menschen glauben, denn sie haben britische, holländische, deutsche oder französische Wurzeln. Schließlich gibt es noch eine Bevölkerungsgruppe mit asiatischen Vorfahren, die ebenfalls eigene Feste, Sprachen, Religionen und Kochtraditionen haben.

E. Text- und Medienkompetenzen

Dies ist nur eine Beispiellösung für das Quiz. Andere Lösungen sind möglich.

1. Why do Mia's parents keep lions in cages on the farm?
2. Why is Charlie's birth a sensation?
3. How long does it take from Charlie's birth until he has grown into an adult lion?
4. Why does Mia's father sell Charlie to trophy hunters?
5. Why do trophy hunters kill wild animals?
6. Why may animals not be killed in wildlife reserves?
7. How can the South African savanna be described?
8. Why can Mia's escape with Charlie be described as funny and dramatic at the same time?
9. What might Mia feel (or think) when she and Charlie reach the wildlife reserve?

F. Schreiben

Correspondence: E-Mail

Dear Sally,

Did you arrive home safe and sound? Was it a culture shock after a year in Germany? Tell me what you did or didn't like about your job and my family. I guess looking after Amelie was stressful at times, wasn't it? But you liked cooking, right? The traditional South African meals you cooked were delicious. How did you like Füssen and the trips we took, for example, the one to "Schloss Neuschwanstein"? The Alpine scenery is amazing, isn't it? Could you imagine working as an au-pair again in the future?
Please write back. I miss you.

Johanna

Creative Writing: Picture Story

... a jetty[1], looking at the water. Lucy did not notice that her boyfriend Jake was tiptoeing towards her from the other end of the jetty. He was holding a bunch of red roses behind his back. Shortly before Jake reached Lucy, she turned around and saw him. She immediately stood up and wanted to step forward to hug Jake. At this moment, however, Jake showed Lucy the bunch of roses and said, "Lucy, I love you. Do you want to marry me?" Then he started leaning forward to kiss her. Taken by surprise, Lucy leaned backwards and fell into the water. As Jake was shocked, he threw the roses into the water.

[1] jetty: (Anlege)Steg, Pier, Mole

Notizen